谨以此书纪念李友芳先生
诞辰 110 周年

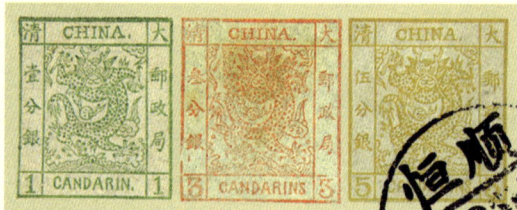

邮情无价

恒顺百年忆友芳

江苏恒顺集团有限公司 镇江市政协文史资料委员会 编

江苏大学出版社

·镇江·

图书在版编目（CIP）数据

邮情无价——恒顺百年忆友芳 / 江苏恒顺集团有限公司　镇江市政协
文史资料委员会　编 . —镇江 : 江苏大学出版社　2014.2

ISBN 978-7-81130-693-4

Ⅰ . ①邮… Ⅱ . ①镇… ②江… Ⅲ . ①邮票 – 鉴赏 – 中国 ②李友芳
（1903 ~ 1981）– 生平事迹 Ⅳ . ① G894.1 ② K825.38

中国版本图书馆 CIP 数据核字（2014）第 034177 号

邮情无价——恒顺百年忆友芳

编　　者 / 江苏恒顺集团有限公司　镇江市政协文史资料委员会
责任编辑 / 林　卉
责任印制 / 常　霞
出版发行 / 江苏大学出版社
地　　址 / 江苏省镇江市梦溪园巷 30 号（邮编：212003）
电　　话 / 0511-84446464（传真）
网　　址 / http://press.ujs.edu.cn
印　　刷 / 扬中市印刷有限公司
经　　销 / 江苏省新华书店
开　　本 / 890 mm × 1240 mm　1/32
印　　张 / 5
字　　数 / 120 千字
版　　次 / 2014 年 3 月第 1 版　2014 年 3 月第 1 次印刷
书　　号 / ISBN 978-7-81130-693-4
定　　价 / 38.00 元

如有印装质量问题请与本社营销部联系（电话：0511-84440882）

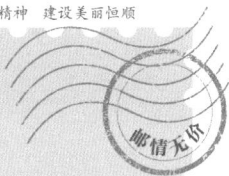

代序

弘扬创业精神　建设美丽恒顺

2013 年是李友芳先生诞辰 110 周年纪念。作为恒顺人，我们深切缅怀这位值得景仰的先辈！

"恒顺"一词源自佛教经典《华严经》中的"恒顺众生"。1840 年，丹徒人朱兆怀凭着不服输的勇气创建了"朱恒顺糟坊"。此后，恒顺企业几经变迁、风雨兼程，以李友芳先生为代表的一代又一代恒顺人，始终秉承艰苦创业、自强不息的优良传统，以造福社会为己任，将一个传统的酱醋作坊发展成为现今中国规模最大的食醋生产企业、全国同行业首家上市企业。更为可喜的是，在企业发展壮大的过程中，"忠诚吃苦"的厂训深入人心，"和人开拓"的理念不断深化，"求真务实"的企业文化薪火相传，公司生产规模、产品质量、管理水平飞速提高，赢得了业内同行和社会各界的尊重。恒顺从创业起步，以创新成长，又不断创造辉煌，先后获得中国醋业第一个国家金奖、第一个国际金奖、第一个中国名牌、第一个中国驰名商标，以及"中华老字号""国家非物质文化遗产"等一系列荣誉。

百年来，恒顺从古城镇江崛起，扬名海内外。一代又一代像李友芳先生这样的志存高远的领导者，为民族企业的发展壮大兢兢业业、无私奉献，为告别"酱花子"的屈辱发愤图强、埋头苦干，为百年老店基业长青弘扬传统、与时俱进。我们为恒顺走向全国、走向世界感到自豪，我们更为以李友芳先生为代表的勤奋敬业、辛勤耕耘的老一辈恒顺人感到骄傲。

沧海桑田，春华秋实。百年后的今天，为了更好地传承恒顺企业的优良传统，维护镇江香醋的金字招牌，促进地方经济发展，不负家乡人民和广大消费者的厚爱，恒顺人正围绕"品牌化、专业化、国际化"的发展战略，以建设"幸福生活、美丽恒顺"为己任，进一步转变发展方式、优化产品结构、深化企业改革、强化基础管理，使"百年恒顺"青春不老，风范长存，为中国传统产业的发展、为民族工业的振兴做出新的、更大的贡献。

百年恒顺，一段硕果累累的光辉历程；百年恒顺，一个继往开来的崭新起点。让我们以李友芳先生为榜样，牢记历史，面向未来，协力进取，奋发有为，共同谱写"百年恒顺"更加灿烂辉煌的新篇章，以告慰李友芳先生的在天之灵。

江苏恒顺集团董事长　尹名年

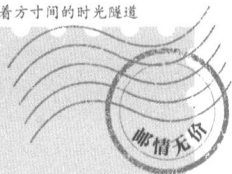

沿着方寸间的时光隧道

——写在李友芳先生诞辰 110 周年之际

这个春天，毛茸茸的

就连草尖

都沾上了细密的心事

木叶翻飞，光影涌动

时光渐渐暗下来

我的惊喜却在放大……

在博物馆一层又一层的重门之后

在一本又一本的邮册之间

一群埋在时光里的伏兵

从那些薄薄的泛黄的方寸间

亮出纸质的锯齿，劫持了我

这是邮票吗？

分明是堆放了多少个年代的柴火

风一吹，就能生出火来

又分明是一座座微剧场

多看一眼，就能复活一个个传奇

这些在清朝的城垣里漂泊的邮票

这些在民国的纷乱里流浪的邮票

这些被战争的炮火熏陶过的邮票

这些与饥馑的年代一同瘦弱的邮票……

你就是在幕后讲故事的人

用你一贯的低调

讲大龙邮票的来历

讲万寿邮票的发行

讲 140 多个国家的邮票文化

讲你 16 岁那年，收藏第一枚邮票时的喜悦

现在，这个毛茸茸的春天

沿着时光隧道，开始讲你

讲你的爱国情怀

讲你的高风亮节

讲你的治厂方略

讲你的两个英雄的儿子

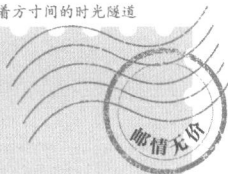

这个春天，讲得最多的

还是，你的名字和恒顺酱醋

你的名字和邮票收藏家

还有一些场景的还原

构图在夜幕降临后

你脱下了沾满醋味的长袍

油灯给你引路

时光打开大门

你洗净了双手，仔细地

整理过往，抚摸现实

一个个熟悉的故事

一个个人物场景，开始复活

你的喜悦无声，宛如门前的小河淌水

这样的夜晚连成岁月

你亲手造就了自己的千山万水

春风秋雨成了你的知己

听，它们在说

哦，丰润的事物

总在不显眼的地方现身

有福的人总在光影里说笑……

1981 年 8 月 29 日

一个如火的日子

几千枚邮票，穿过夏日喧嚣的街道

刻着你灵魂的印记

在博物馆里安下身来

这是你的第六次捐献

这一次，你用遗言

那些有着故事的宝物

尘封着你的体温，在时光里缄默

还是要说到这个毛茸茸的春天

一个花瓣里，竟然藏着一个季节

顺着季节的脉络

许多故事浮出水面

让我得以见到你高大的背影

你走在高处的脚印，开满了鲜花

而你的背影，正和一座山连在一起

没有指点江山

没有笑傲江湖

以你一贯的姿势

宛如溪水站在山顶，轻轻一落

就融进了时光的河流，远处

扬子江的波涛，正在歌唱……

蔡永祥

目　录

第一部分·眷眷邮情

第二部分 · 怀念友芳

·眷眷邮情·

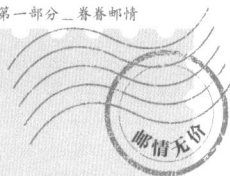

中国早期集邮家李友芳

　　李友芳先生 1903 年 7 月 28 日出生于浙江镇海。1909 年随父母迁居镇江，青少年时就读于镇江润州中学，15 岁中学毕业后考入镇江的中国银行当练习生。在银行工作时，他见银行邮件上有印着不同图案、面值、颜色的邮票，甚是新奇，于是萌发了集邮的兴趣，开始向邮局购买新邮票。由于当时的邮识不高，也不和外人交流，只是收集自己所能见到的邮票，还搞不清帆船邮票有伦敦版和北京版之分，更不懂得齿孔、水印、版式之别。

> 李友芳（20 世纪 40 年代）

抗日战争爆发后，镇江沦陷。李友芳和家人避居上海，将十多年中所收集的邮票存放在镇江寓所，结果全部丢失，集邮亦因此一度中断。

其后，李友芳因家中亲友多在全国各处经商，每每以航空函报平安。李友芳见航空邮票图案十分精美，再次引发集邮的兴趣，并于1940年加入了新光邮票会。在此期间，他结识了镇江同乡王纪泽。王纪泽是著名的红印花邮票专家，邮识和藏品都非常丰富。在王纪泽的帮助下，李友芳收集了大量的早期国邮。后来，他又与国粹邮票公司的陈志川过从较密，得到了他的大力襄助，开始集中精力收集中国早期邮票中的珍品、变体和样票，收获颇丰，成效显著，在集邮界崭露头角。

这一时期，李友芳先生的邮识和邮品都突飞猛进，1943年被增补为新光邮票会的理事。

当年《国粹邮刊》第28期"邮人小志"中专门介绍了李友芳的集邮经历，并刊登其照一幅，称他为早期国邮收藏家，可见李友芳先生在当时集邮界已有很大影响。

1988年，镇江老集邮家杜君石在《忆镇江集邮》一文中也说："李友芳是恒顺厂的老板……经济条件好，邮品收藏相当丰富，他的藏品我大部分看过，主要以收藏清代和民国时期古票、商埠票为主，也收藏钱币，大部分是罕见珍品，尤以专集清、民、商埠样票出名，在全国也享有声誉。"

新中国成立前夕，"交通部邮政总局"举办了南京、上海邮展。李友芳先生应邀参加了展出。这次邮展，专门印制了展品目录。我们从李友芳的展品内容上，大致可以了解他在集邮上的杰出成就。李友芳展出的是样票专集，其中包括：大龙黑样票全、万寿彩色样票全、民国初次试票三种，京奉样票全，万寿小黑样票全，光复共和样票，统一样票，日本石印试样票（未采用），邮政纪念样票，日本石印1/2C—$2无齿样票，光复共和黑

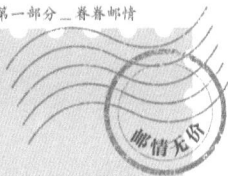

色玉版宣纸样票，伦敦版无水印蟠龙无齿试色样票，伦敦版帆船彩色无齿样票 1/2C—$10，玉版宣纸黑色宫门样票，玉版宣纸黑色帆船样票，玉版宣纸黑色农获样票，玉版宣纸黑色邮政 25 年样票，玉版宣纸彩色新生活纪念 5C、20C、$1 样票，玉版宣纸黑色北京版欠资半分样票，玉版宣纸洪宪试色样票，玉版宣纸统一边框样票，玉版宣纸西北考查团边框样票，玉版宣纸首次航空边框及中心 45C 黑样票，万寿日本版彩色无齿样票全，万寿上海版彩色有齿样票全，万寿上海版无水印彩色齿样票全，万寿黑样票（小型）有齿全，万寿黑样票（小型）无齿全，等等。现在看来，这一部邮集中无一不是珍品。

李友芳先生不仅邮品珍罕，邮识亦好。1947 年他发表《对于变体票的我见》一文，对变体票及其市场价格和收集等都有自己独到的见解。

李友芳先生十分热心公益慈善事业。他曾在上海各邮商处采购了大量的插票簿、胶质纸和各种集邮用品、工具，派专人送至全国各地，帮助全国各地同好集邮。

1943 年春季以后华北地区严重干旱，给饱受战祸的人民又带来灾难。李友芳在当年 6 月 5 日召开的新光邮票会第二次理事会上提议为救济华北灾民发起邮票义卖。提议通过后，新光邮票会即成立了赈灾义卖委员会。7 月 4 日，在上海永安公司新厦 10 楼举行赈灾义卖大会，共有 56 人捐出邮品和现金，酬款 38844 元，全部捐给了有关方面。李友芳在这次赈灾义卖活动中出力最多，捐赠也最多。

早在 1943 年李友芳先生就说过，拟将个人所集之珍贵国邮及各种样票、漏齿变体等，用珂罗版彩色套印，详加说明，汇为个人国邮专集，分赠同好，以作纪念；而将原票赠于邮会或国立博物馆，以供初集邮者参考。

李友芳先生还十分热心邮会建设。1944 年新光邮票会因经费紧张，专门成立了"新光邮票会募集会所基金筹备委员会",通过募集邮票拍卖筹集资金。拍卖会上,李友芳有意识地抬高竞价,拍卖价格明显高于市场,使邮会得益很多。此次拍卖李友芳一人共捐邮品总值 27660 元,列此次活动捐款第二位。

李友芳先生也是镇江早期集邮活动的倡导者和核心人物。根据其子女回忆,当年李家的客厅是镇江集邮者的集聚地。每逢休息日、节假日,客厅里总是高朋满座,邮友们在一起或相互交换邮品,或相互交流邮识,间或也搞一些相关研究。许多年轻人在集邮方面都得到过李友芳的支持和鼓励。杜君石老人回忆:1946 年,一些人曾在李友芳家商谈成立"新光邮票会镇江分会"事宜,当时常在李家聚会的有 20 多人,几经筹备,后终因邮人信心不足、人员流动频繁而搁浅。

李友芳先生还是一位爱国民主人士。1938 年,在他的支持下,大儿子奔赴延安参加革命,于 1948 年在解放太原的战役中牺牲。1950 年,他又鼓励小儿子参军赴朝作战,回国后仍留在部队服役,1960 年因公殉职。

抗战胜利后,李友芳先生一直担任镇江恒顺酱醋厂厂长,公私合营后任副厂长。新中国成立后,李友芳先生曾到南京参加政治学习,当选为江苏省民建委员、省工商联执行委员,1954 年 6 月起连续六届当选为镇江市人大代表,是镇江市民建和工商联的领导人之一。在国家三年经济困难时期(1959 年—1961 年),李友芳主动向国家捐献字画、古董 29 件,支持国家建设。"文化大革命"中,李友芳受到严重冲击,家中被抄,其所收藏的邮票作为"四旧"全部被抄走,多年心血毁于一旦。直到 1979 年部分被抄邮票才得以返还。

1981 年李友芳先生去世后,他的夫人蒋侣云女士秉承他的遗志,于 1981 年、1986 年先后两次将尚存的 5149 枚邮票全部捐献给镇江博物馆。

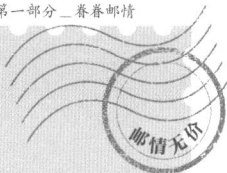

1990 年 10 月 1 日,镇江市集邮协会和镇江博物馆联合举办镇江市第六届邮展。博物馆的展品全部是李友芳夫人所捐赠的邮品,其中较珍贵的有:大龙邮票原色样式票全、小龙黑色样票全、万寿黑色样票全、日本蟠龙无齿样票、莫伦道夫版万寿票、台湾小龙加盖和较完整的商埠票。实寄封有:福州飓风对剖票实寄封 4 枚、镇江商埠票第二次票加盖欠资对倒(红字加盖,黑字复盖均对倒)变体票双联实寄封等。

李友芳先生一生酷爱集邮,为集邮倾注了毕生心血,是镇江早期集邮家之一,他的邮德邮风、他的爱国之情都堪为后人的楷模。

羊小平

集邮令他的生命更精彩

李友芳是李氏恒顺的掌门人，在新中国制醋业发展史上亦占有重要地位。李友芳的业余爱好是集邮，在国内集邮界有很高的知名度，他曾将自己大量的邮票藏品无私捐赠给国家。职业，使他的事业如日中天；集邮，令他的生命更精彩。

誉满天下的集邮名人

李友芳在国内集邮界享有很高的知名度。他集邮时间早，收藏邮品品质高、数量多，在国内屈指可数。《镇江市志》记载："集邮者中，恒顺酱醋厂李友芳在全国有较高的知名度。"

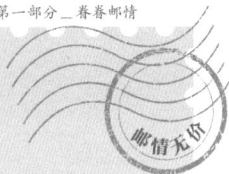

邮史专家李毅民先生说："中国集邮史绝不仅是一般的文化娱乐发展史，它是一部厚重的民族集邮文化的创业史、奋斗史。"李友芳是中国个人集邮史的缩影。李友芳一生酷爱集邮，他的集邮可追溯到1919年。民国时期他已是中华邮票会会员和新光邮票会会员。民国38年（1949年），《国辉邮刊》介绍了上海有一定影响的集邮人士，张赓伯、王纪泽、梁芸斋、陈复祥、李友芳和王强松等邮界精英尽录其中。

李友芳接触到的最早的邮票，是清光绪四年（1878年）我国发行的第一套"大龙邮票"。《镇江市志》有这样的记载："镇江开埠后，集邮之风从西方传入。光绪四年，我国发行的第一套'大龙邮票'在镇江销售最好。"

李友芳生活中最大的爱好是集邮。由于工作关系，他常常行走于内地各处以及香港、澳门等地区。每到一处，他都要到当地邮局购买有关国际、国内重大事件或有纪念价值的最新邮票，并与当地集邮藏家进行广泛接触，购买、交换有纪念意义的邮票。每次购买邮票，少则两套，多则四五套，甚至七八套，极其珍贵的清代大龙邮票，他竟购买了十几套。他对待集邮，也像对待工作一样，将其作为一项事业一丝不苟、执著追求。因时局动荡，他的邮票虽多有散失，但所捐赠的邮品中仍有大量的珍品。

李友芳喜与其他邮票藏家交换稀奇、珍贵的藏品。1946年初，经严西峤介绍，李友芳以邮中珍品万寿小字2分倒盖旧票一枚和万寿1分下边漏齿一枚，与叶季戊换取棣集遗珍中的日本石印母版样票11枚。

李友芳集邮有"四多、二全、一专"之誉。"四多"分别为：一是品种多，如首日封、实寄封、首航封、相似明信片等；二是系列多，如重大纪念性事件系列、宗教文化系列、文学及艺术系列、传统文化系列等；三是变体票多，如印刷变体、凿孔变体、纸质变体、加盖变体等；四是捐赠多，捐赠数量多、捐赠次数多、有文字记录多。李友芳先生一生集邮总数多达几万枚，但他经历了清朝、北洋军阀统治、民国时期、新中国等各历史时期，期间抗日战争、国共内战、"文革"等阶段，由于各种因素，邮票藏品毁了大半。新中国成立初期，他向政府捐赠了包括邮票藏品在内的大量家藏，用于支援抗美援朝战争。1981 年病故前，他嘱妻子将遗存的 5000 多枚邮票全部捐献给国家。关于李友芳先生的善举，《镇江市志》《京口区志》《镇江市润州区军事志》等志书均有记载。2011 年 7 月 10 日，镇江市收藏家协会会长王玉国也在《京江晚报》上撰文介绍："近代收藏家陆小波、唐崧山、唐顺民、李友芳等都拥有丰富的藏品，他们都把藏品捐献给镇江博物馆。"

所谓"二全"，是说李友芳的集邮藏品中中国邮票和世界邮票都比较全。所藏中国邮票，包括清光绪四年(1878 年)我国发行的第一套"大龙邮票"，直到改革开放初期他去世前国内发行的绝大部分邮票。从时间来看，有大清邮政、民国邮票（含解放区）、中华人民共和国邮票（含"文革"期间）；从地域来看，有大陆及台、港、澳地区的邮票，有包括亚洲、欧洲、非洲、美洲、大洋洲 140 多个国家和地区的邮票。

所谓"一专"，是指镇江博物馆专门为李友芳捐赠的邮票设立了一间保管室，并先后三次公开对集邮爱好者和市民展出。

李友芳集邮的三大动因

李友芳集邮有三大动因。

一是其曾接受多元文化的熏陶。李友芳曾在中西合璧、英才辈出的镇江润州中学（1937 年 12 月被日寇炸毁）就读。此校清末由美国长老会司徒尔（民国时期美驻华大使司徒雷登之父）等三位牧师创建，该校是一所

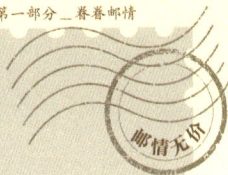

教会学校,选择教师兼收并蓄,既有教授西方基督教教义的潘牧师,也有后来获得诺贝尔奖的赛珍珠(1914年至1917年赛珍珠曾在该校教授英文,其父赛兆祥系该校首任校长)。有地方知名的前清廪生和秀才,撰写《江苏省会辑要》的贾子彝曾在该校教授地理、图画和体育,还有宣传先进文化、教授新学的进步人士刘乾初(毛岸英烈士的岳父,曾任中共福建省委书记和山东省委书记,1931年被韩复榘杀害)。李友芳的校友中有很多社会贤达和顶尖人才。曾在润州学校担任青年会德育部长的李晋祥是著名爱国民主人士,后改名李公朴,系抗战初期的七君子之一。1912年至1919年在润州中学就学的戴安邦,后成为中国科学院院士、化学家。蜚声全国工商界的新兴轮船大王和面粉大王杨管北,著名学者、作家叶灵风等都是李友芳的校友。在润州中学和家庭的多元文化背景熏陶下,李友芳对集邮产生了极大的兴趣。

二是镇江独特的地理环境,使其有条件购得各种珍贵邮票。鸦片战争中,英、美、法、德、俄、日6国非法在中国开办的邮政机构"客邮"达36处,直至1923年1月1日前撤走。"客邮"在江苏的邮区只有南京、镇江、苏州三处。据记载,日本、法国、德国均在镇江设过客邮机构。清光绪二十九年(1903年),镇江地方分设了日本邮局代办所,系由鱼巷内日商河上洋行商人河上各务兼办。当时镇江海关税务司曾告以:"如在租界范围内设铺,可以允准兼理邮政。"但该日商置之不理,仍在大街(即大西路)鱼巷内设铺营业,并未迁入租界。德国在镇江所设"客邮"为二等邮局一所,其局址设于"美最时"洋行内。这类外国人在中国境内私设的邮局,专为其使馆和侨民通信服务,使用其本国邮票。帝国主义列强除在中国私设邮局以外,还在各通商口岸(包括镇江)的工部局开设"工部局书信馆",自行经营并发行各自的邮票。与此同时,镇江亦于清末建立邮政局，其业务量曾居全国各局的第二位（仅次于上海）。民国初期，镇江邮局先后与香港、英国及爱尔兰等国家和地区互换汇票（全国仅 26 个局互汇）。民国 12 年（1923 年）1 月，镇江又开办与日本代收货价和挂号邮件，平快邮件和保价箱匣业务等。李友芳青少年时期曾在镇江求学，并在镇江江边的中国银行做练习生，在李源记米木行做会计期间（1909 年 –1927 年），正是日、德、法等国"客邮"在镇江泛滥、猖狂之际。民族的耻辱，在李友芳的心底埋下了"兴业救国"的种子。从此，李友芳不惜重金购置邮票，特别是"客邮"的邮品。在他的心里，每一枚"客邮"邮品都是帝国主义列强侵华的罪证。

　　三是经历多、见识广，勤于收藏，持之以恒。李先生是一位实业家，他接触的人多，跑的码头也多。父亲执掌恒顺时，李友芳就已在十二圩、泰州、南通等地经营面粉厂，同时兼理恒顺的销售。李友芳跑过重庆、四川、湖北等地，到过香港、澳门、台湾地区，去过菲律宾、马来西亚、新加坡、越南、缅甸等国家。抗日战争期间，他住在上海租界区，兼管恒顺企业的海内外销售。期间他曾在上海租界拜访了宋庆龄女士，还曾在苏联驻沪领事馆观看过无声电影《人民当家做主》。抗战胜利后，李友芳主政恒顺，接触的人和事更多了。在此期间，他派人在台湾建立恒顺分厂。公私合营后，他作为副厂长，曾多次到广州参加广交会，又到过北方数省取经。每到一处，他都要到当地邮局购买有关国际、国内重大事件或有纪念价值的最新邮票，向当地集邮藏家购买或交换有纪念意义的邮票。

无私捐赠珍贵藏品

　　李友芳的集邮可用"十个千、十个万"来概括，即：在千端万绪中，

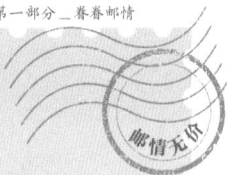

持千辛万苦，用千言万语，跑千山万水，与千家万户在千变万化的交易中，赢得千回万转，此邮票可千年万载保存其千状万态、千红万紫形态。李友芳一生酷爱集邮，他平生收集的邮票遍及五大洲 140 多个国家和地区，总数达几万枚。李友芳集邮是多元文化的结晶，集邮成为他一生最大的理想和业余爱好。通过集邮，他激励自己不忘报国之志，兴业救国。李友芳对集邮，特别是变体票中的邮票收藏价值和经济价值有独到的见解，镇江解放前，他曾在邮政杂志上撰文论述。李友芳集邮，不是为了期待邮票升值，以此致富，而是为了与全民共享。《中华邮票会史话》序中这样写道："每当抚今忆昔，念及旧邮会在国难民疲的时局下团结邮人宏扬国粹的坚韧精神，不禁令人肃然，顿悟前辈办会厥功至伟。"

早在 1948 年，李友芳曾表达过"将来原票赠与邮会或国立博物馆的心愿。"抗美援朝期间，他将所藏部分邮票捐赠给国家，其余留存于自己身边，用于研究、比较。但他一直嘱咐家人：身后将其所集邮票全部捐赠给国家，让全民共享。他一生集邮几万枚，虽用心保管，但大半毁于日本铁骑侵华、国共内战炮火及"文革"动乱之中。1981 年他逝世时，尚存几千枚。时任镇江市政协委员的李友芳遗孀蒋侣云女士，先后两次将所存邮票赠与镇江博物馆，实现了李友芳的遗愿。这一时期捐赠的邮票主要是新中国成立前的邮票和国外的邮票，其中包括珍贵、十分珍贵，甚至价值连城的邮票，如清光绪四年（1878 年）我国最早发行的大龙邮票、小龙邮票，慈禧太后 60 寿辰的万寿邮票，宣统皇帝登基纪念邮票，光绪二十年（1894 年）镇江工部局印发的邮票，以及纪念 1914 年被刺杀的奥匈帝国皇太子夫妇的邮票等；此外还有英文版《中国及商埠邮票罗氏专门目录》（1941 年）一本、美古邮票公司出版的英文版《中国邮票专门目录》（1943 年）、奥伦多邮票公司出版的英文版《中国邮票专门目录》一本、1947 年出版的《"马氏"国邮图鉴》一本、《邮典》（1 卷 1 期、2 期、3 期、4 期、5 期，1930 年）五本。

　　《镇江市志》记载："1981 年 9 月 18 日，市政协委员、烈属蒋侣云将其丈夫李友芳（原恒顺酱醋厂私方厂长）生前珍藏的 4037 枚珍贵邮票捐献给国家……"1986 年 8 月 29 日，蒋侣云又捐出 1112 枚邮票。第二次捐赠的邮票中少量是新中国成立前的，其他全部为新邮票，包括从 1949 年新中国发行的第一套邮票起，直到 1981 年 1 月李友芳仙逝时国内发行的全部邮票，其中有"文革"期间的邮票以及当时最新香港邮票览图录。

　　李友芳有 8 个子女，其中两个儿子为国捐躯，分别长眠于太原烈士陵园和舟山烈士陵园。李友芳和父亲接管倒闭的朱氏恒顺，将李氏恒顺做强做大。公私合营时，李友芳率先将李氏恒顺全部转让给国家，带着家属移到厂外的租住房屋。李友芳退休前，一直担任恒顺厂的副厂长，但他没有安排一个子女或孙辈在恒顺工作。1981 年他仙逝时，子孙中没有一人拥有产权住房。李友芳一生集邮，他捐赠的珍贵邮票价值连城，让人们免费分享他的集邮成果。他的高风亮节和兴业报国的善举，令后人肃然起敬。他将永远活在人们心中。

李德柱　王礼刚

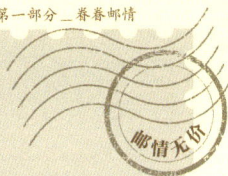

无价邮品

[清代邮票]

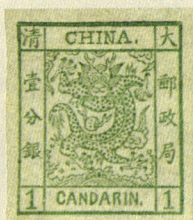

> ## 大龙邮票彩色无齿样票

大龙邮票是我国第一套邮票，大清海关邮政 1878 年 7 月发行，全套 3 枚。

大龙邮票彩色样票是邮票印制前打印出的样品，仅供验审、存档、备案用，存世极为稀少，十分珍罕。

> **小龙邮票黑印样**

小龙邮票黑印样，是小龙邮票印刷过程中的试模印样，印于无水印的薄纸上，十分珍罕。

> **清慈禧寿辰邮票样票**

慈禧寿辰邮票（纪念）俗称"万寿邮票"，1894年大清海关邮政发行，全套9枚。

万寿邮票样票，6枚，其中的2分银双联，十分珍罕。

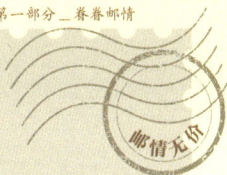

> **清日本版蟠龙邮票半分和 5 元样票**

清日本版蟠龙邮票 1897 年 10 月 1 日发行，是大清国家邮政局开办以后第一次正式发行的
邮票。全套 12 枚，共有 3 种图案。半分至 1 角面值以蟠龙为图，2 角至 5 角面值以鲤鱼为
图，1 元至 5 元面值以飞雁为图，统称蟠龙邮票。李友芳先生所收藏的清日本版蟠龙邮票
5 元四方联样票和半分样票均十分珍贵。

> **万寿加盖样票**

清万寿 12 分银加盖暂作洋银 1 角竖双联样票，十分珍贵。

> 小龙邮票四方联

小龙邮票是我国的第二套邮票，大清海关邮政 1885 年起开始发行，采用太极图水印纸印刷，是我国第一套有水印的邮票。

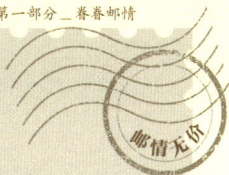

> 莫伦道夫版万寿邮票

1897 年上海造册处副处长穆麟德（又译作莫伦道夫）曾私自采用无水印纸印制了一批无水印"万寿"票，专为赠送清朝官员和各国驻华使节使用，俗称"莫伦道夫版万寿票"，这种无水印的万寿票，印量极少，十分珍贵。

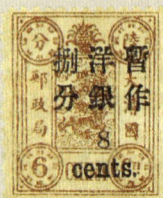

> 清慈禧寿辰加盖邮票选萃

大清国家邮政成立以后，邮政资费由银两制改为银元制，在新设计的邮票来不及印刷的情况下，1897 年，为满足邮政通信需要，将尚存的慈禧寿辰邮票加盖改值使用。

这里选录李友芳先生收藏的部分慈禧寿辰初版、再版的加盖大字或小字的长距及短距邮票，以供欣赏。

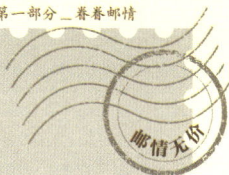

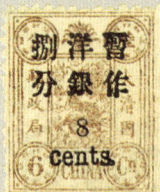

> 清慈禧寿辰加盖邮票选萃

> 清慈禧寿辰加盖邮票选萃

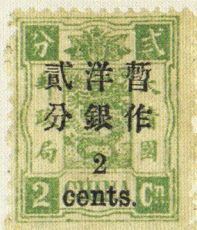  

> 清慈禧寿辰加盖邮票选萃

> **慈禧寿辰邮票**（初版）

大字长距半分横双联中缝盲齿，上下齿孔
移位变体票。

> **慈禧寿辰邮票**（初版）

大字短距改值半分加盖移位变体。

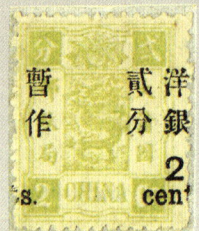

> **慈禧寿辰邮票**（再版）

大字长距改值 2 分银加盖移位变体。

> **慈禧寿辰邮票**（再版）

大字长距改值 5 分加盖移位变体，齿孔上
下移位，英文"cents"中的"n"断线，
十分珍贵。

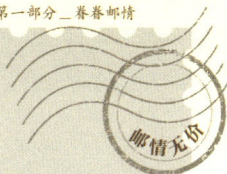

> **清小龙加盖邮票选萃**

1897 年大清国家邮政在加盖慈禧寿辰邮票的同时，将留存的小龙邮票加盖改值使用。在李友芳先生的藏品中挑选出部分（大字、小字）小龙加盖邮票，以供欣赏。

> 日本版蟠龙邮票四方联

> 日本版蟠龙邮票

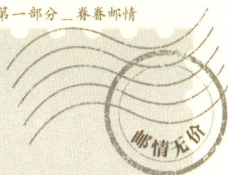

> 日本版蟠龙邮票

> 伦敦版蟠龙邮票

> 清宣统纪念邮票

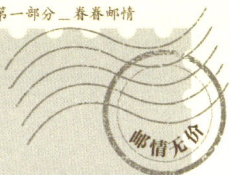

> 福州对剖票（飓风票）实寄封

1902年，大清国家邮政总局降低邮资。外埠邮资由2分降为1分，致使1分邮票用量剧增，2分票却无用武之地。1903年，福州发生了严重的1分邮票库存短缺，而新票未能及时补充。为了保证正常的邮政营业，经大清国家邮政总局核准，福州采取应急措施，将库存的清蟠龙2分票，对角剪成两半，每半张当做1分使用。直至新的邮票到货为止。这种情况从1903年10月22日—24日持续了3天，24日下午，1分新邮从上海运到，对剖邮票停止使用。按当时邮局对剖邮票的使用规定，寄信人必须亲自至邮局交寄，邮政人员当面剪开邮票，贴到信封上，并加盖"Postage, 1 cent Paid"（邮资1分已付）的长方形邮戳和当日日戳。由于福州对剖票的使用时间短，规定严格，现在福州对剖票实寄封存世量极少，据权威人士估计，存量不足200枚，极为珍罕。

据《中华民国十年邮票事务总论》（1921年）附件甲"中国听发之通考"中称："清光绪二十九年九月运往福州邮票，因途中为飓风所阻，未能按期到达，故将余存之2分邮票斜剖为两半，另用特别戳记涂销作一分票使用。"因此，集邮界把福州对剖票又称为"飓风票"。

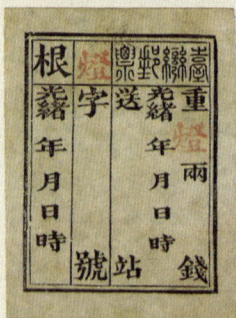

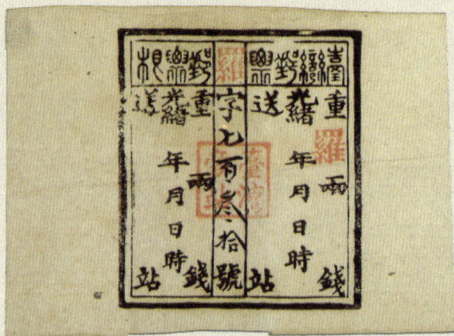

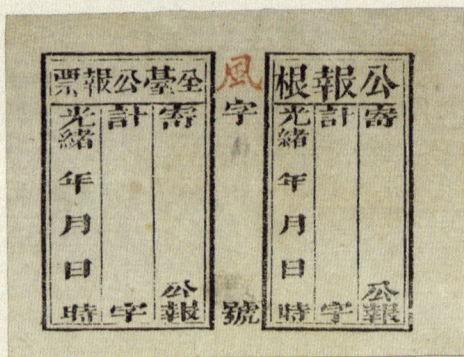

> 台湾官用邮票（第一次）（灯）　台湾官用邮票（第二次）（罗）　台湾官用公报邮票（风）

李友芳先生收藏的清代台湾地方邮票为 1888 年发行使用，其中包括台湾官用"灯"字邮票，
台湾官用"罗"字邮票，台湾官用公报"风"字邮票，均十分珍贵。

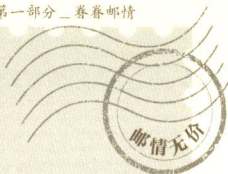

> **小龙加盖台湾未发行邮票**

1888 年，台湾邮政用无水印小龙邮票加盖"台湾邮票"一套 6 枚，共有无齿 3 分银、无齿 5 分银和有齿 5 分银 3 种，分别加盖"台湾邮票"中文字样和"PORMOSA"英文字样。李友芳先生收藏的小龙加盖台湾未发行票加盖中文"台湾邮票"无齿 5 分银、有齿 5 分银各一枚，十分珍贵。

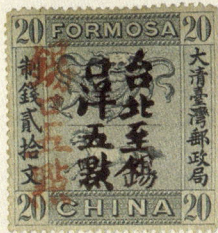

> **台湾龙马邮票**（未发行）

1888 年，台湾邮政以龙和马为图。印刷邮票一套，全套 2 枚，面值为制钱 20 文，红色、绿色各一种，并印有铭记"大清台湾邮政局"，这套票未正式发行，大多数改作铁路车票使用，加盖站名有台北、锡口、水转脚三地。

李友芳先生收藏的台湾龙马邮票改铁路车票一套 2 枚，十分珍罕。

> **金陵书信馆邮票**（南京）

1896 年，由当地外侨发起成立金陵书信馆，当年 9 月 6 日开始发行邮票，至 1897 年共发行邮票 4 套 16 枚。

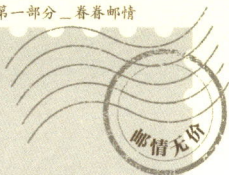

> 九江书信馆邮票

1894 年，英租界工务局书信馆成立，当年 6 月 1 日开始发行邮票，至 1896 年共发行邮票 6
套 42 枚。

> 芜湖商埠邮票

英国商人 A·K·格雷格森于 1894 年 7 月在芜湖开办商埠邮局，11 月开始发行邮票，至 1897 年共发行邮票 8 套 95 枚。

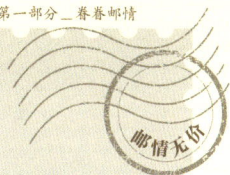

> 芜湖书信馆邮票

> 厦门工部邮政局邮票

1894 年英租界成立厦门工部邮政局，1895 年 6 月 8 日开始发行邮票，至 1896 年共发行邮票 8 套 23 枚。

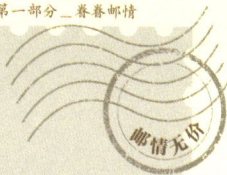

> 厦门工部邮政局邮票

> 厦门工部邮政局邮票

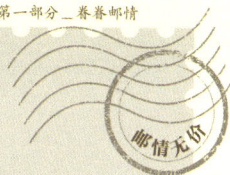

> 烟台书信馆邮票

1893 年春，烟台德国侨民发起成立烟台侨商邮政委员会，当年 7 月 1 日建立烟台商埠邮局，
10 月 6 日开始发行邮票，至 1896 年共发行邮票 3 套 13 枚。

> 上海工部局邮票

1865 年—1897 年，上海工部局先后发行工部大龙、工部小龙、双龙图、上海工部局徽图、上海开埠 50 周年纪念以及欠资和多套加盖邮票，共 28 套 182 种，这里选录李友芳先生收藏的部分上海商埠邮票，以供欣赏。

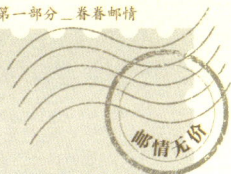
邮情无价

> 上海工部局邮票

> 上海工部局邮票

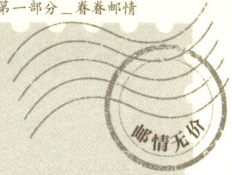

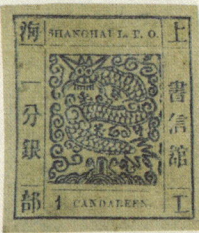 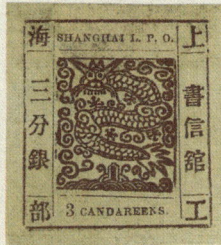 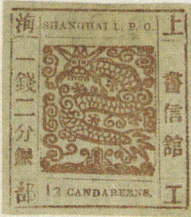 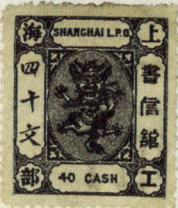

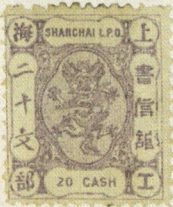   

> 上海工部局书信馆商埠邮票

> 上海工部局书信馆商埠邮票

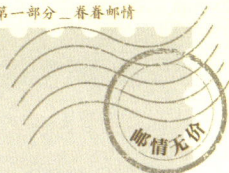

> 镇江工部局书信馆邮票

1894 年，镇江英租界工部局成立书信馆，当年 8 月 6 日开始发行邮票，至 1895 年共发行邮票 8 套，其中欠资邮票 1 套、加盖欠资邮票 4 套、加盖公事邮票 1 套。

> 镇江工部局书信馆邮票

> 镇江工部局书信馆邮票

> 镇江工部局书信馆邮票

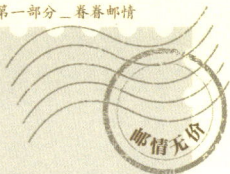

> 镇江工部局书信馆邮票实寄封

镇江商埠第二次加盖改作欠资邮票半分竖双联加盖倒盖变体实寄封，这个竖双联的上面一枚邮票加盖倒盖，十分珍贵。

> 蟠龙邮票 1 分银实寄封

> 镇江工部局一版加盖欠资横双联实寄封

镇江商埠第二次加盖改作欠资邮票，1895 年 4 月 9 日发行，在镇江商埠第一版金山图邮票上，用中英文黑字加盖"欠银"字样。这枚半分横双连实寄封，用镇江工部局大圆戳销票，盖椭圆形欠资邮戳，珍贵。

> 镇江工部局一版加盖欠资横四联（加盖变体）实寄封

这枚镇江商埠第二次加盖改作欠资邮票半分横四联邮票的第二枚加盖时，英文第二行中间漏"u"字，这枚欠资变体实寄封十分珍贵。

> 重庆信局邮票

1893 年，英国转运公司经理立特尔开办"重庆信局"，当年 12 月发行邮票，至 1895 年共发行邮票 5 套 13 枚，其中欠资邮票 1 套、加盖欠资邮票 1 套。

> 重庆信局第二次加盖改作欠资邮票

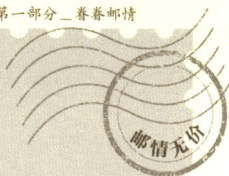

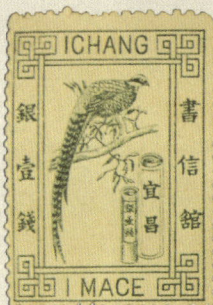

> **宜昌书信馆邮票**

1894年，宜昌外侨委员会设立宜昌书信馆，同年12月1日发行第一套邮票，至1896年共发行邮票3套19枚。

> 汉口书信馆邮票

1893 年，英租界汉口工部局成立书信馆，同年 5 月开始发行邮票，至 1897 年共发行邮票 11 套 43 枚。

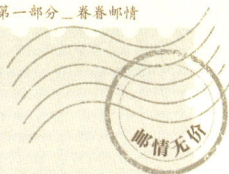

> 汉口书信馆邮票

> **威海卫专差邮票**（刘公岛商埠邮票）

1898 年 7 月，清政府将山东威海卫及其附近的刘公岛租借给英国。该地原无邮局，信件须交给烟台邮局寄送。1898 年 12 月，该地英商和记洋行开办专差邮局，负责烟台至威海卫之间的邮件传递。1899 年 1 月发行专差邮票 1 套 2 枚。这套邮票发行使用仅 2 月余，发行量 4000 枚左右，十分珍罕，尤其是李友芳先生收藏的 9 方联更为少见。

COUPON·REPONSE INTERNATIONAL

Antwortschein für das Ausland.
Dieser Schein wird in allen Ländern des
Weltpostvereins gegen ein oder mehrere
Postwertzeichen im Gesamtwert der Gebühr
für einen einfachen Auslandsbrief umge-
tauscht.

35 REICHSPFENNIG

Ce coupon est échangeable dans
tous les pays de l'Union contre un timbre-
poste ou des timbres-poste représentant le
montant de l'affranchissement d'une lettre
simple à destination de l'étranger.

TIMBRE DU
BUREAU
D'ORIGINE.

ALLEMAGNE · DEUTSCHLAND

TIMBRE DU
BUREAU
D'ECHANGE.

BENZIGER & C° S.A.-EINSIEDELN

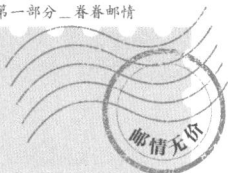

> **万国邮联邮资兑换券**（国际回信券）

1906 年，万国邮联罗马会议通过决议，由万国邮联国际局统一印制国际回信券，在各会员
国邮局发售。国际回信券是各会员国之间兑换回信邮票的一种凭证，本身不能作邮票使用，
有"万国通用邮票"之称。

国际回信券用含有"UPU"（万国邮联法文缩写）水印字母的纸张印制，正面为法文使用
说明，背面印有中、德、英、俄、西班牙、阿拉伯文字的使用说明。这枚早期的国际回信
券有一定的收藏价值。

[民国邮票]

> "中华邮政开办廿五周年纪念"邮票，加盖"西湖博览会"邮戳

> "中华邮政开办四十周年纪念"邮票，加盖"庆祝蒋委员长五秩寿辰纪念"邮戳

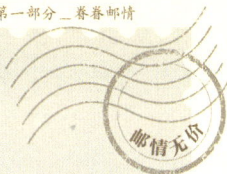

> 纪 10 "新生活运动纪念"邮票

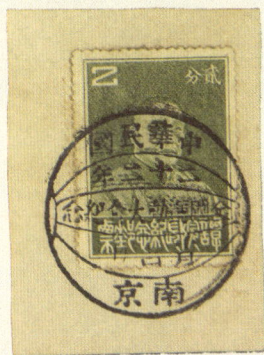

> 纪 3 谭院长纪念邮票，加盖南京"中华民国二十二年·全国运动大会纪念"邮戳

> 北平一版帆船"限新省贴用"邮票

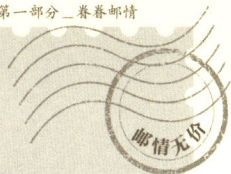

> 民国孙中山头像邮票

> 航 2   北平二版航空邮票加盖 "国际航空邮运创办纪念" 邮戳

> 公文贴用邮票

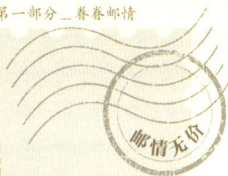

> 北平邮政储金图邮票四方联

> 北平中央一版孙中山头像"限东
> 北贴用"加盖"军邮·暂作·四十四
> 元"邮戳四方联

> 中信版无面值军邮邮票四方联（2套）

[解放区邮票]

> 晋察冀边区抗战胜利纪念邮票（小型）**四方联**

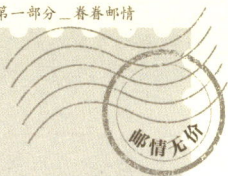

> 华东解放区淮海战役胜利纪念邮票

> 华北解放区生产图邮票

> 华北解放区"五一国际劳动节纪念"邮票

> 华东解放区"山东二七建邮七周年纪念"邮票

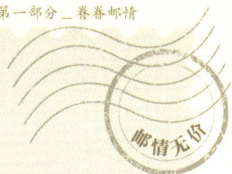

> 华东邮政上海"国内邮资已付"
> 临时邮票实寄封剪片

> 贴华南邮政广州解放纪念邮票和武
> 汉解放纪念邮票各一枚实寄封

> 华东解放区上海南京解放纪念邮票实寄封

> 贴上海加盖"暂售"邮票（中华版中山头像）
> 五联实寄封

> 贴华东解放区华中毛泽东头像1000
> 元、2000元邮票各一枚实寄封

> 华中解放区"汇兑印纸"加盖改作华中解放区邮票一千元实寄封剪片

> 浙江加盖"华东邮政"杭暂作1元和淮海战役胜利纪念挂号实寄封

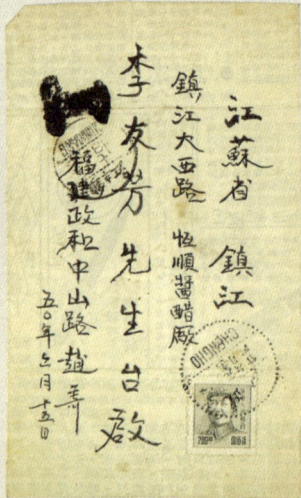

> 华东三一版毛泽东头像邮票实寄封

> 贴苏皖边区第一版火车图邮票加盖华中解放区"改作人民币壹元"竖双联和淮海战役胜利纪念邮票2枚实寄封

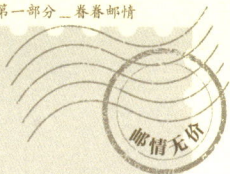

> 贴华东江淮特印普通邮票 5 元 6 枚挂号实寄封

> 贴晋察冀边区毛泽东头像邮票 500 元竖双联和华北人民邮政"军队向前进生产长一寸"五角竖双联实寄封

> 贴中南解放区第一版工农兵图邮票实寄封

> 广州解放纪念邮票实寄封剪片

[新中国邮票（1981 年以前）]

> J8　胜利完成第四个五年计划

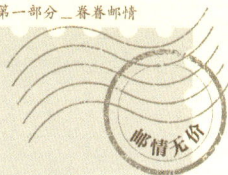

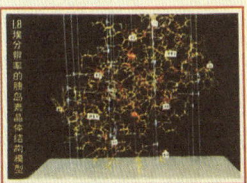

> J8　胜利完成第四个五年计划

> 编号票 53-56 革命现代舞剧《白毛女》

> 编号票 7 严惩入侵之敌

> 编号票 6 胜利会师

> 编号票 12-20 庆祝中国共产党成立五十周年（1921—1971）

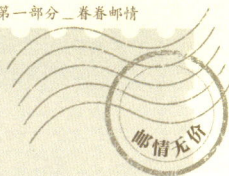

> 特38 金鱼

> 特 48 丹顶鹤

> 特 44 菊花

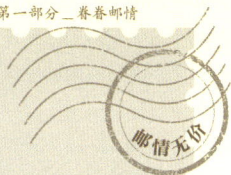

> 特 1　国徽

> 特 18　儿童

> 特 40　养猪

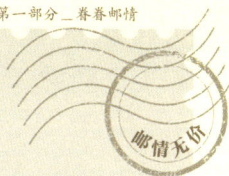

> 特 15　首都名胜

> 特 46　唐三彩

> 特 49 中国民间舞蹈（第一组）

> 特 53 中国民间舞蹈（第二组）

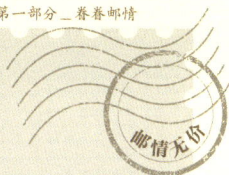

> 特 55 中国民间舞蹈（第三组）

> 特 59 熊猫

> 特 47 西藏人民的新生

>特54 儿童

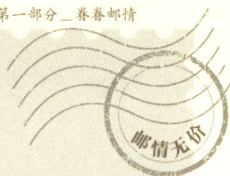

> 特56　蝴蝶

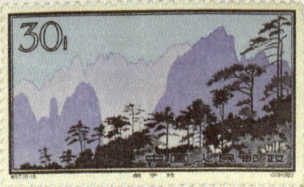

>特 57　黄山

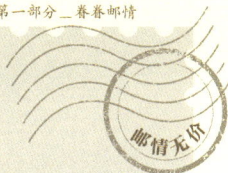

> 特 57　黄山

> 特 58　民间玩具

> 特 60　金丝猴

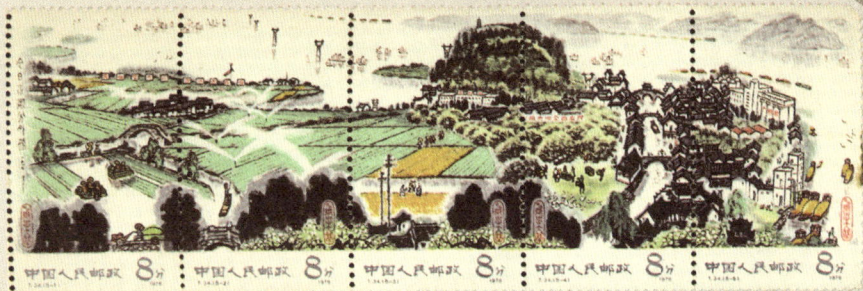

> 特 34　水乡新貌

> 特 61　牡丹小型张

> 特63 殷代铜器

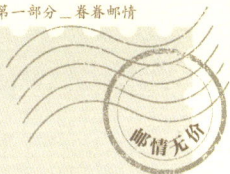

> 特 73 革命摇篮——井冈山

>特74　中国人民解放军

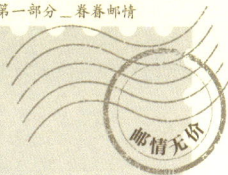

>特1 体操

>纪50 关汉卿戏剧创作七百年

> 纪71 开国大典双联（两个）

> 纪69 中华人民共和国成立十周年（第三组）

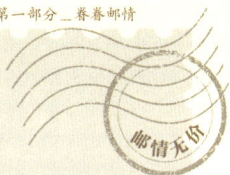

> 纪109 遵义会议三十周年

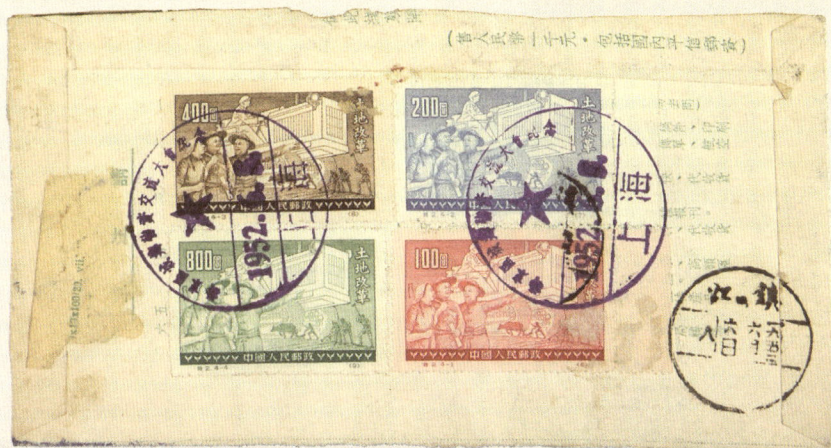

> 新中国封

> 新中国封

> 纪88 中国共产党成立四十周年

> 纪92 中国古代科学家（二组）

> 纪 41　中国人民解放军建军三十周年

> 纪 100　第一届新兴力量运动会

[外国邮票（1950 年以前）]

> **第一次世界大战纪念邮票**

奥匈帝国皇太子弗朗茨·斐迪南大公萨拉热窝遇刺事件成为第一世界大战的导火线，票面人物为斐迪南大公夫妇。

> **德国邮票**

> 前苏联邮票

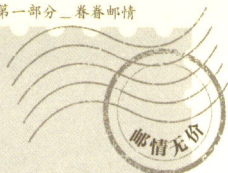

> 比利时邮票

> 法国邮票

> 匈牙利邮票

> 葡萄牙邮票

> 意大利邮票

> 英辖殖民地邮票

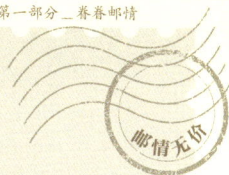

> 利比亚邮票

> 索马里邮票

> 阿尔及利亚邮票

> 印度洋累羽尼翁岛（德译，英译为非洲留尼岛）邮票

> 尼亚萨湖地区邮票

> 厄立特尼亚国邮票

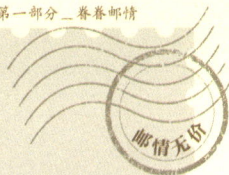

> 加拿大邮票

> 美国邮票

> 哥斯达黎加邮票

> 原北婆罗洲（现加里曼丹）邮票

> 澳大利亚邮票

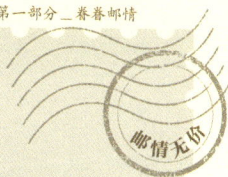

> 日本邮票

> 印度邮票

> 香港（英占时期）邮票

> 领事馆业务邮票

> 外交事务邮票

第二部分

·怀念友芳·

2

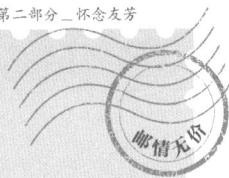

兴业报国

老字号恒顺使镇江扬名天下

古城镇江是一座"美得让人吃醋"的城市，外地人戏称镇江为"醋坛子"。镇江人爱吃醋是大有来头的。中国人的口味总体是"南甜北咸，东酸西辣"，镇江位于祖国东部，在镇江人的饮食中醋是必不可少的，食醋之风成为镇江"三怪"之一。镇江民间流传着这样的俗语："肴肉不当菜，面锅煮锅盖，香醋摆不坏。"镇江人喜欢早上吃"锅盖面"要搭点肴肉蘸点醋，下午茶吃小笼包子加点醋，做菜时也总要放点醋起鲜。镇江人"近水楼台先得月"，它是"中国醋王"所在地，百年恒顺香醋的金字招牌誉满全球。

镇江的恒顺香醋先后经历了三个发展时期，即朱氏恒

> 恒顺金山香醋老商标（1955年）

> 恒顺百花酒商标

顺、李氏恒顺、国有恒顺。各个时期的掌门人都在"兴业报国"的奋斗史中，为镇江这座城市的发展做出了积极的贡献。

恒顺的创始人是朱兆怀，他是恒顺的第一代掌门人。早在清道光二十年（1840年），丹徒西彪人朱兆怀就开设了朱恒顺糟坊，并以糯米为原料酿制"百花酒"，此酒被清地方官采为"贡品"进献皇宫。十年后，朱兆怀利用酒糟制醋，改店名为朱恒顺糟淋坊。从此朱氏恒顺便立足镇江，放眼世界。1909年，恒顺香醋钦命江苏省巡抚部二等奖，1910年恒顺香醋获南洋劝业会金奖。

恒顺的第二代掌门人是李皋宇、李友芳父子，他们继往开来，承前启后，在国家多难之秋经营恒顺30年（1925年—1955年）。李氏恒顺成功申请以镇江名胜"金山"为镇江醋的注册商标，定厂名为镇江恒顺酱醋厂股份公司，在镇江城增设了4个分店，在上海设立了总发行所和3个分店，又先后在长江中下游地区，开设了几十个分店和销售点。1931年，恒顺香醋获江苏省物产展览会优等奖。1936年，恒顺香醋再度获得南洋劝业会金牌奖。1948年，李友芳派人，携带资金、物品到台湾开办恒顺分店。

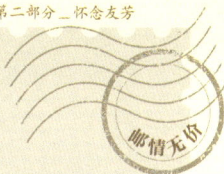

> 镇江中国醋文化博物馆中再现的早期制醋场景

台湾分店后来又成为恒顺香醋向海外扩张的跳板，凭借这个跳板恒顺香醋和酱菜畅销至全球各地。

　　恒顺企业发展的第三个时期是国有恒顺，在马永林、叶有伟等的经营下，国有恒顺实现了三次跨越：第一次跨越是从大西路搬迁至中山西路；第二次跨越是从中山西路扩张到南徐路；第三次跨越是从主城区整体搬迁到丹徒恒顺工业园。国有恒顺将恒顺厂从手工作坊发展成为跨行业、跨区域的江苏恒顺集团。恒顺企业现有职工 2000 人，年产醋 20 万吨，成为镇江乃至中国最大的香醋生产企业、中国食醋业首家上市公司、国家级农业产业化重点龙头企业。恒顺企业先后 5 次荣获国际金奖，3 次蝉联国家质量金奖，成为享誉世界的知名品牌。2010 年，恒顺被列为上海世博会特许生产商，恒顺醋类产品荣获特许产品质量奖。

　　恒顺香醋是镇江的品牌；百年恒顺是镇江乃至中国民族工业发展的缩

影；镇江恒顺的三代掌门人是镇江乃至中华民族的优秀代表。作为民族资本家，李友芳具备超常的经营胆略，同时也具有非凡的爱国热忱。他不仅积极带头或协助领导恒顺企业度过了风雨飘摇的动荡时期，也为新中国的革命和建设事业做出了非凡的贡献。前人栽树，后人乘凉，镇江人民将永远记住为镇江醋文化做出突出贡献的李友芳先生。

多元文化熏陶下成长的李友芳

1903 年李友芳出生在宁波镇海一个商业世家。清末洋务运动中，其祖父李贞元到镇江搞实业，兴办了李源记米木行，长子李皋宇成了他的得力助手。随着时间的推移，李源记米木行越办规模越大，李皋宇子承父业，开始独立经营李源记。李友芳是李贞元的长房长孙，祖父对其寄予厚望，将其送到可接受多元文化熏陶的镇江润州中学就读。李友芳就读润州中学时，正值"五四运动"前后，新文化运动在全国风起云涌。

1883 年，润州中学由民国时期美国驻华大使司徒雷登之父、美国牧师司徒尔等 3 人创办，诺贝尔奖获得者赛珍珠的父亲、美国传教士赛兆祥为该校首任校长。赛珍珠的故居（之一）就在润州中学旧址内，赛珍珠在这里生活了 15 年。在新文化运动的影响下，润州中学这所教会学校在教师的选择方面兼收并蓄。教师中，既有教授西方基督教义的潘牧师等，也有从美国大学毕业的赛珍珠，她于 1914 年至 1917 年在此教授英文；既有地方知名的宣扬儒家礼教的前清廪生、秀才等，如撰写《江苏省会辑要》并教授地理、图画、体育的贾子彝，也有宣传先进文化的革命者，如教授国文的刘乾初。（润州中学停办后，刘乾初参加了北伐军，后又曾先后担任中共福建省委书记和山东省委书记，1931 年 4 月被韩复榘杀害。他与张文秋

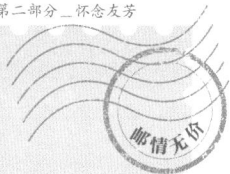

所生的女儿刘松林是毛岸英烈士的夫人。）李友芳的同学和校友中也有很多成为对国家有贡献的社会贤达，如在润州学校担任青年会德育部长的李晋祥（后改名为李公朴），就是著名的爱国民主人士，他是抗战初期有名的"七君子"之一，后被特务枪杀；又如1912年至1919年在润州中学就学，后成为中科院院士的化学家戴安邦；再如蜚声全国工商界的新兴轮船大王和面粉大王杨管北，著名学者、作家叶灵凤；等等。李友芳在润州中学和家庭多元文化熏陶下茁壮成长起来。

从润州中学毕业后，李友芳就在位于镇江江边的中国银行做练习生，后又到父亲李皋宇开设的镇江李源记米木行做会计，兼任李氏企业的助理。

从朱氏恒顺到李氏恒顺

1925年，时年23岁的李友芳得知，经营73年的朱氏恒顺面临破产、倒闭的局面。朱氏恒顺的第三代经营者因挥霍浪费，又侵染赌博、纵欲等恶习，在市场竞争中败北，债台高筑，酱菜生产停产。当时，朱氏恒顺在镇江已是有相当影响力的"老字号"，许多同仁都想取而代之。收购朱氏恒顺，需要较大数额的现金，一些小的酱醋坊开始商讨联合收购，规模较大的企业则希望朱氏将企业转让。经过市场调研，李友芳认为最有希望接管朱氏恒顺的其实只有两家：一家就是当时的李源记，另一家是镇江生产"无敌"产品的工厂。

李源记是李氏家族的骨干企业。精明强干的李皋宇除独立经营李源记米木行外，还在镇江裕苏官栈局、镇江美孚洋行担任经理。他先后接办靖江大丰、高邮裕享、泰州泰来、南通复兴、无锡泰隆、镇海贻成和扬州等面粉厂，同时还投资了常州民丰纺织厂、苏州植物油厂、上海三友实业社、天利氮气厂、天原化工厂等企业。李友芳深知，自家经营的企业是镇江知名企业，有可能胜出，但是也不能轻视镇江的"无敌"产品工厂。

"无敌"产品工厂的经营者张怿伯是镇江本地人，其父是清朝秀才，母亲家世代在江都樊川经商。武昌起义时他是清朝北洋海军海琛巡洋舰中尉正电官，专司无线电报收发。辛亥革命爆发后，清政府传檄萨镇冰率北洋海军赴鄂镇压，当时以海琛、海容、海筹三大舰为首的十余艘舰艇溯江而上，张怿伯秘密联络海筹、海容正电官，进而策动三舰官兵，并带动其他各舰起义。首先在海琛舰上扯下北洋海军龙旗，升了起义的白旗，并推举海筹舰舰长黄钟瑛为总司令，反戈一击，猛轰汉口三道桥的清军，给其以重创，使武昌转危为安。国民政府主席林森曾撰文表彰张怿伯辛亥革命有功。后来北洋军阀掌权，背离了孙中山的革命思想，张怿伯愤而弃戎经商，走实业救国之路。1921年，他加入了上海家庭会社。1923年，独资组建上海家庭会社镇江"无敌"产品工厂，生产无敌牌牙粉和蛤油，产品畅销全国。经过多年经营，张怿伯积累了一定的资金和人脉。

李友芳担当其父李皋宇的助手，积极准备收购朱氏恒顺。他一方面做酱醋产、供、销市场的调研，动员李氏家族成员盘算资金，做好收购朱氏恒顺的资金和人事准备。另一方面游说酱醋业同仁和商会，争取各方支持。张怿伯是社会名流，见竞争对手李家父子同心协力，充满活力，酱醋业有影响力的厂商丰祥酱园老板朱少波也力挺李皋宇，加之43岁的慎康钱庄经理陆锡庚（陆小波）再次担任了镇江商会会长，也撮合李皋宇接手恒顺。张怿伯审时度势，大度地摆出了退让的姿态。1925年5月，李皋宇以38000银元承盘了朱恒顺糟淋坊，将企业改名为镇江恒顺源记酱醋糟坊，在大西路生产、销售酱醋和酱菜。

陆小波是镇江人，生于泰州，世代经商，曾在相当一段时期内担任镇

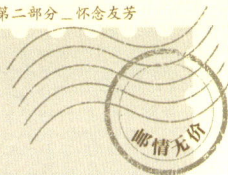

江商会会长。为了平衡此事,1925 年 7 月,陆小波协助张怿伯在镇江注册生产"无敌牌"蚊香,李皋宇、李友芳父子均予以祝贺。此后,陆小波、张怿伯、李友芳在镇江商界同舟共济,同时成为令时人称颂的商界精英,为振兴镇江的地方民族工业奋斗终生。

李皋宇接手恒顺时,因对酱醋行业的业务比较生疏,加上地方酱园业的排挤,企业一度出现连年亏损的情况。李友芳经过调研,找到了问题所在,主要是生产技术落后,配方不合理,包装单一。李友芳得知镇江酱醋界有个熟谙酱醋生产的人叫周受天,此人德高望重,是位人才,便说服父亲将周受天聘为李氏恒顺的经理。内行、能人治厂,立竿见影,生产效率提高了,成本下降了,质量上去了。李皋宇、李友芳父子又继续垫资 4 万银元,在质量、包装等方面进行了改进。过去生产酱菜和香醋一律使用罐装,现在将其改为罐装酱菜和瓶装香醋。经过生产技术和包装方面的改革,李氏恒顺终于扭亏为赢,在市场上站稳了脚跟。

拓展中外市场,度过艰难岁月

李家接手恒顺后,企业的对外销售一直由李友芳负责。为培养长子成为自己的接班人,李皋宇让李友芳担任李氏恒顺的特使,管理李家的其他产业,并兼任仪征十二圩美丰五洋面粉号经理、泰州泰来面粉厂驻镇营业部经理、南通复兴面粉厂经理等职。民国 17 年(1928 年),李氏恒顺成功申请以镇江名胜"金山"为注册商标,还在镇江城内增设了大埝街、小码头、日新街、火车站 4 个分店,在上海设立了总发行所和安远路、八仙桥、静安寺路 3 个分店,在长江中下游地区先后开设了几十个分店和销售点。1931 年,恒顺香醋获江苏省物产展览会优等奖。1935 年,厂名变更为镇江恒顺酱醋厂股份有限公司。1936年，恒顺香醋再度获得南洋劝业会金牌奖。镇江名绅苏涧宽祝贺恒顺庆典时献联："恒产恒心恒发展，顺情顺理顺财源"。

抗战期间，日寇占领了镇江，企图利用镇江商界名人做其代理人。李氏父子、张怿伯、陆小波是民族资本家，他们为民族复兴、实业救国而兴办企业，拒绝为日伪做事。商会会长陆小波前往泰州，与国民党李明扬部队和新四军陈毅部队合作，用枪杆子打击日本侵略军。张怿伯的"无敌"产品工厂和住宅被日军强占，其子被日寇杀害，他自己也险些被日寇的子弹击中。日军曾先后7次逼迫他生产军需品酒精，均被他拒绝。后携夫人逃到出生地江都樊川避难。在此期间，张怿伯愤而著成《镇江沦陷记》并自费刊印，揭露日寇在镇江的暴行。此书堪称中国的《拉贝日记》，成为宣扬爱国主义、反法西斯的重要文献。

李皋宇父子亦不愿屈膝于日本强盗。他们将镇江恒顺厂交给远房亲戚代管，自家避居上海租界，以图对策。在镇江已经沦陷的1939年9月4日，他们仍在报纸上刊登恒顺酱园的广告，为金山牌酱油、酱菜、醋做宣传。李皋宇以上海恒顺分店为大本营，继续经营香醋，李友芳仍负责销售等方面的工作。他们在与上海商界和普通顾客做生意的同时，还要躲避日寇、汪伪及法租界势力的利诱和迫害，可谓度日如年。在此期间，李友芳通过种种关系，先后到菲律宾、新加坡、马来西亚、缅甸等国家，以及香港、澳门、台湾地区，并从这些国家和地区绕道到大后方四川、重庆等地维护客户关系，拓展业务。外出过程中，他遍尝世间的酸甜苦辣，处处如同探险，稍有不慎就会酿成生死大祸。此时的李友芳秉持自己的信念，他的目标只有一个：巩固老客户，建立新客源，为日后恒顺的大发展准备条件。

1945年8月15日，日本宣布投降，李氏父子、张怿伯、陆小波先后

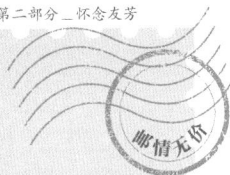

回到了镇江。陆小波仍继续担任镇江商会会长，李友芳和张怿伯为复兴各自的企业而并肩作战。

带领李氏恒顺走出三次困境

抗日战争结束后，李友芳开始主持李氏恒顺。镇江解放后，李友芳是第一任恒顺酱醋厂厂长。1955 年，恒顺成为镇江第一批实行公私合营的企业，李友芳被任命为公私合营恒顺酱醋厂副厂长；直至退休。从 1945 年 8 月到公私合营，李友芳主持李氏恒顺期间，先后遭遇了三次困境。

第一次困境：接管工厂　抗战期间，李友芳随父亲李皋宇一直住在上海租界，镇江恒顺由远房亲戚代管。由于日寇的经济侵略，加之经营不善，日本投降前，企业几乎到了破产边缘。抗日战争胜利后，李氏家族及董事会一致决定，让李友芳到镇江主持恒顺厂的日常工作。此时，国民党地方政府已作出"责令将恒顺等三家企业限时还债，逾期封门"的决定。李友芳夜不能眠，食不知味。他双管齐下，首先做股东的思想工作，说明事实真相，剖析利害关系，终于借到了钱。其次，他请身份特殊的顾大勇出面疏通关系，与当局周旋，最终使恒顺厂渡过了被封门、倒闭的危险。顾大勇是当时国民党要员、前江苏省政府主席顾祝同的弟弟，在镇江有一定的影响力。工厂保住了，100 多名职工的饭碗及其妻儿老小的生活依靠也保住了。

第二次困境：镇江解放前夕　国民党统治后期，通货膨胀，物价跑风，民不聊生，怨声载道。国民党政府一面实行限价，一面发放金圆券以取代法币（1 元金圆券兑换 10 万法币）。由于限价政策失败，金圆券在市场上又难以兑换黄金，物价天天涨，一天一个价，老百姓害怕物价继续上涨，就上街抢购物资，富裕的江南也出现了柴荒、肉荒和米荒。在市场极度混乱的形势下，商家囤集物资，以求自保。此时，恒顺厂也面临一连串的困境：资金收不回，职工工资发不出，债主天天登门，流动资金枯竭，工厂即将倒闭。李友芳审时度势，决定贱卖库存，惠及市民。股东亲友们对此很是不解，觉得库存便是财富，贱卖了就是亏本。李友芳顶住来自各方面的责难和压力，把厂里的 3 万斤库存酱菜降价售出，每听半斤装的罐头酱菜价格下降到金圆券 2 角 1 分。这笔亏本买卖给了市民实惠，市民们争相购买，恒顺的库存很快卖光，资金得以回笼。李友芳及时发放了职工工资，支付了账款，为企业赢得了信誉。

为了支撑全家人的生活和支付众多职工的工资，工厂需要继续购置原材料，以便进行生产和销售。李友芳忍痛将位于市区江边"小营盘"地区的几十间私有住宅抵押给中国银行，获得了 2000 多万金圆券维持恒顺的生产经营。在李友芳的计划、组织、领导、协调和控制下，恒顺度过了那段随时都可能破产的艰难岁月，迎来了 1949 年 4 月镇江解放。

李友芳以商业诚信赢得了人们的尊重和社会的赞誉，使恒顺从困境中走出。但是抵押给银行的这批住房均未能赎回，李氏家族从此失去了属于自己的住房。1948 年，生产稳定后，李友芳即派出人员到台湾开办恒顺分店。后来台湾分店把恒顺香醋和酱菜销至美国。1999 年，赴美的镇江人士惊喜地买到了台湾生产的恒顺香醋和酱菜，打回越洋电话激动地将此消息告知家乡人民。

第三次困境：公私合营 镇江解放后，恒顺企业发展迅速。1949 年 5 月，人民政府采取贷款、计划分配原料等办法，帮助恒顺恢复生产，使企业摆脱了困境。与此同时，在李友芳的支持下，以冯小毛为代表的恒顺工人尝试以糯米制成酒醅，加入小麦、谷壳制醋醅的办法制醋，缓解了原材料紧

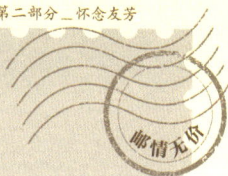

缺的压力。

1953 年，国家提出对资本主义工商业进行社会主义改造的任务，不久，国家实行统购统销，计划供应粮、棉、油。过去恒顺厂是老板说了算，生活特殊点无可厚非。公私合营后，"老板"得和职工一样，进行自我思想改造，过节俭生活，这对李友芳来说，未尝不是一种挑战。好在李友芳好学习，懂政策。当时他担任镇江市工商联监委会主任，1954 年初即主动向政府申请，将企业公私合营，随即把自己家从恒顺厂搬出，在外租房居住。1955 年 3 月，镇江市委向恒顺厂派驻工作组，并于同年 5 月成立了厂党支部和工会，李友芳担任厂增产节约委员会副主任，负责领导生产、研究制订生产和财务计划，组织企业员工开展广泛的增产节约运动。当年 11 月 23 日，恒顺厂成为镇江市最早实行公私合营的企业之一，李友芳被任命为副厂长。

1958 年，在市政府的领导和推动下，分散于镇江全市的 48 家酱醋作坊合并于恒顺，镇江市的制醋技术力量和生产设备也随之集中到了恒顺，恒顺的生产经营渡过了难关并渐入佳境。

沿着友芳理想，实现三次跨越

国营恒顺实现了三次大的跨越。

第一次跨越　公私合营后，李氏制醋作坊从繁华的大西路商业区搬迁到劳动路（现中山西路）三官塘一带，政府无偿划拨了黄山园艺场的 34.5 亩土地给恒顺，作为 47 家酱醋厂的集中生产用地。在整个公私合营期间，李友芳一直担任恒顺酱醋厂的副厂长，他协助公方厂长，主抓生产和销售。1956 年，镇江恒顺香醋在全国调味品行业评比中获第一名。1959 年，李

> 20 世纪 60 年代恒顺老厂门

> 20 世纪 60 年代恒顺厂灌装车间老照片

友芳代表恒顺厂出席了广交会,镇江香醋在解放后第一次打入国际市场,产品销往国内 18 个省、市及东南亚等国家和地区。

第二次跨越 改革开放后,在三官塘厂区建立了多栋香醋生产大楼,引进了行业内首条自动化流水线。将主厂区搬到南徐大道,国有恒顺改组为恒顺集团,在城郊结合部的七里甸五里村征地 50 余亩,建起了年产 4 万吨香醋的新厂,在同行业中首次将计算机技术引入传统酿造行业,实现了调味品行业"机械化、管道化、流水线"的产品升级,建立起传统酱醋的现代生产模式。

第三次跨越 21 世纪初,恒顺企业从主城区整体搬迁到丹徒恒顺工业园,从区域性品牌一跃成为全国性品牌,1999 年被国家工商总局评为"中国驰名商标"。2001 年 2 月,恒顺股票在上海交易所成功上市,当年便收购了镇江的恒丰、恒大两家制醋企业。2002 年,恒顺通过并购方式设立了山西、重庆、安徽、沭阳、徐州调味品成员企业,完善了在全国各地的产业布局。此后又先后涉足医药、房地产、光电子等领域。

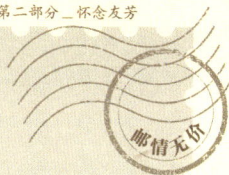

> 恒顺厂区新貌（2011 年）

> 恒顺新厂区醋罐（2011年）

> 恒顺新厂区灌装线（2011年）

为进一步壮大调味品主业，恒顺从2005年起及时进行了产业结构调整，逐步收缩其他产业，在丹徒新区建设恒顺工业园。2008年，首期工程建成投产，建筑面积14.3万平方米。主建筑即7万多平方米的制醋车间采用了清洁的天然气能源，实现了绿色环保；充分吸收了恒顺企业的传统工艺精华，并在食醋生产全过程中使用了计算机技术、传感技术、通讯技术等一系列高新技术。恒顺醋的年产量达到20万吨，进一步巩固了企业在国内食醋业的龙头地位，恒顺成为全球最大的谷物酿造食醋生产基地。

镇江，美得让人吃醋，源头便在恒顺。如今，新一代恒顺人正进一步解放思想、开拓创新，为弘扬"中国醋，恒顺香"的美名，建设一个专业化、国际化、现代化的企业集团，实现"幸福生活，美丽恒顺"的目标而奋发作为。李友芳先生"把恒顺产品打入全世界"的理想，有望在今日恒顺人的手中实现。

江苏恒顺集团 征途

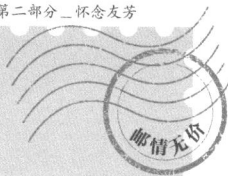

品质至上

李友芳与质量管理

有人总结中国饮食的特点为"东酸西辣，南甜北咸"。长三角、东部沿海等经济发达地区人们的饮食口味略带酸味，开门七件事，每天都少不了醋。《中国医学大辞典》中云："产醋，浙江杭绍二县为最佳，实则以江苏镇江为最。"恒顺香醋曾多次参加国际博览会，不但畅销国内，还远销五大洲。自1910年恒顺香醋获南洋劝业会金奖起，各个时期屡获国际奖项，近年又获巴黎国际美食旅游金质奖和国家优质食品金质奖。在百年恒顺的发展史上，李氏恒顺承前启后，继往开来，其掌门人李友芳有很多抓质量管理的故事。

多产好醋奖肉吃　李友芳主持恒顺时期，生产主要靠手工操作，期间他用"芦席盖大缸，扁担加箩筐，手抓鼻子闻"的传统工艺生产优质香醋。恒顺香醋以优质糯米为主要原料，采用优良的酸醋菌种，经过固体分层发酵及酿酒、制醅、淋醋三大过程40多道工序，从糯米原料投入到食醋成品产出，前后历时70多天。

质量是企业的生命线，而产品质量要靠一线工人落实。实践证明，要让工人心甘情愿地为企业努力，光靠行政命令和空洞的说教是没有用的。在一穷二白的旧中国，老百姓生活艰苦，平时很少吃肉，只有过年、过节、过生日、结婚办大事才能享用到。一日三餐有个一干二稀，早晚萝卜干搭稀饭就满足了，好多人家糠菜半年粮，吃了上顿无下顿。要是哪家请客，桌上有大鱼大肉，被请的客人一定会感到很有面子。李友芳主持李氏恒顺不久，就亲自制定一条规定：只要企业哪一天产出的醋质量好、产量高，就奖励职工吃肉。李老板说到做到，只要醋的质量和产量达到要求，他就通知厨房烧肉犒劳职工。

在恒顺，多产好醋奖吃肉的做法一直延续到企业公私合营前。受到奖励的职工，一边吃肉一边说："老板对我们好，我们一定做好醋，为恒顺争光。"

好马可以少吃草　从理论上说，既要马儿好，又要马儿不吃草，是不可能的。但在实践中却可以实现既要马儿好，又要马儿少吃草。马不吃草是不能生存的，但适当地少吃草，代之以其他辅料，是可以造就出好马的。

新中国成立初期，国家对粮食实行统购统销。制醋需要优质大米，但大米必须按计划供应。如何才能既节约生产用粮，又不影响产品质量呢？为解决这一难题，李友芳购买了许多相关的专业技术书籍，进行理论学习，而后深入到车间与工人们一起讨论和试验。每次试验他都做好配方和检测

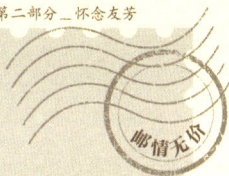

效果记录，并提出改进意见。实践是检验真理的唯一标准。通过无数次实验，李友芳终于研制出了最佳配方，即以千斤米搭配 1400 斤麸皮。此配方不但每月可节约主粮 600 公斤，而且可多产醋 700 多公斤，醋的质量较之前也更好。

李友芳走群众路线，搞技术革新，用新技术、新理论来指导生产，节约粮食制好醋，实现了"好马可以少吃草"。

> 李友芳晚年照

以私济公遭误解　实行公私合营后，李友芳负责厂里的生产经营。他时常到外地出差，每次出差，都留心观察所在地的先进经验，取人之长，补己之短，以提高工效。他到北方多地参观取经后，带回先进经验，实现了灌醋灌酱油的定量自流操作。

1959 年，李友芳参加广交会时，花了 1000 元钱从广州买回一根防酸橡皮胶管用于生产。他的这一做法开始时曾遭到非议，后来人们发现此举既安全省力，又提高了工效，多数人便不再议论了，但仍有少数人说他铺张浪费，拿公款为自己买名誉。李友芳一笑置之，不予解释。后来厂里的会计说话了，原来李友芳从广州买的防酸橡皮胶管用的是私人的钱，没有动用公家一分钱。

大家知道事实真相后，对李友芳更加敬佩了。

醋坛子李友芳轶事

好醋具有"色、香、酸、醇、浓"五大特点，其色纯黑而透明，其质澄清而醇厚，其味香酸而不涩。李氏恒顺时期，制醋主要靠手工操作，如何因陋就简，制造香醋，保证质量，满足民生需求，李友芳有自己独特的做法。

借鉴"无敌"树品牌 《镇江沦陷记》的作者张怿伯曾把"无敌牌"蚊香打入南洋群岛和国内十多个省市，且多次获得国际国内超等奖和优等奖，为镇江赢得了荣誉。李友芳对其很是钦佩，亦借鉴其用土法检测产品质量的经验，树立恒顺品牌。

一是以自身感官测试。每年夏秋，是蚊虫肆虐的季节。张怿伯每天晚上总是穿着短裤，光着上身，独自点燃蚊香，在住宅内测试蚊香的驱蚊效果，直至蚊香燃尽。如果蚊虫有被击倒、致死的现象，余下的蚊虫又没有在自己身上叮咬，说明蚊香质量是好的；如果蚊虫多次在自己身上叮咬，说明蚊香里的驱避、抑制药物效力不够，质量不行，需要碾碎重做。李友芳主持李氏恒顺后，也像张怿伯那样，用自身感官和老百姓喜欢的方法检测香醋的质量。首先是用眼睛看，看醋色是否纯黑而透明，其质是否澄清而醇厚；其次是用鼻子闻，闻醋味是否香酸；再次是用嘴舌品尝，尝醋味是否酸、醇、浓、微甜而不涩。李友芳每天都要亲自品尝醋，而且不止一次，以至于形成习惯。

二是质量确保民众需求。香醋、蚊香都是民生产品，家家必备，人人需要。老百姓对民生产品的总体要求是：无毒、有益、耐用。张怿伯生产"无敌牌"蚊香选择的药料是天然除虫菊花粉，其对人体无毒害（无残留），对各类蚊虫则有致死、击倒、驱避、抑制等作用。蚊香中的黏结剂是榆树皮粉，其因产地、收割时间、所在榆树部位不同而黏性各异，过黏的虽点燃时间长但易熄火，次黏的点燃时间短且易折断。为确保用户晚上 8 小时安然睡眠，每次生产时，张怿伯都要将榆树皮粉取样放在嘴中浸湿，丝长而不断者黏性强，丝长易断者次之，根据口中测试的黏性强弱，调节榆面

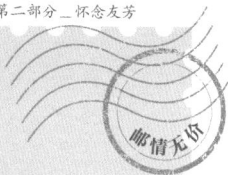

的数量配比。张怿伯的土办法确保了产品质量，也给李友芳以启示。生产香醋的原料要坚持用优质大米，绿色环保，对人体有保健、杀菌等有益作用，水源要坚持用龙窝水。民间传说酒的祖师爷是杜康，醋的发明人是杜康的儿子黑塔。黑塔在镇江开小糟坊时，时常到江边挑龙窝水，挑的水造酒又养马。一天中午，黑塔一口气喝了八九斤米酒，然后倒头便睡。梦中见一老头儿笑眯眯地说："黑塔，听说你造出了调味浆，你已造了廿一天，今日酉时就能喝了。"黑塔说："那是酒糟里加了龙窝水，不是什么调味浆。"老头儿不客气地走向黑塔身旁的三只大釉缸。突然，一声惊雷，黑塔从梦中惊醒，他觉得嘴干，看到被雷震破的釉缸流出香酸甜凉的黑水，喝了浑身舒适，就把梦中老头儿的话告诉了杜康。杜康如法炮制，果然造出了酸甜可口的调味浆。因为是廿一天酉时造的，故取名为"醋"。李友芳决心传承传统的香醋工艺，将恒顺酱醋做强做大。宋《嘉定镇江志》载："京口酒可饮。"镇江酒、醋都是以米为原料，酒越陈越好，越陈越浓，越陈越醇，越陈越香。李友芳坚信，香醋和酒一样，是摆不坏的。这一信念成了事实，"香醋摆不坏"成了镇江的三怪之一。

　　醋东坡与醋老板　镇江醋文化源远流长。900年前，大文豪苏东坡便成为镇江醋文化的代言人。苏东坡曾先后11次到镇江，在镇江金山寺留下了镇寺之宝"东坡玉带"；在丹徒辛丰游玩，给镇江历史留下了古地名"苏游村"；苏东坡还写下吟醋诗："芽姜紫醋炙银鱼，雪碗擎来二尺余，尚有桃花春气在，此中风味胜莼鲈。"后人因此称他为"醋东坡"。李友芳天天品醋，工人们称他为"醋老板"。李友芳对此付之一笑："以醋为友，能与醋东坡结缘，真是三生有幸。"

　　醋坛子泡坏牙齿　镇江香醋的包装原本是采用坛装和罐装，后来才改用瓶装和袋装。李友芳天天品醋，一天数次，数十年来，其总量可以用坛子装。外地人戏称镇江为"醋坛子",其实,李友芳才是名副其实的镇江"醋坛子"。

从科学上讲,醋作为调料可以增加食物的酸味和香味,可使食物口味更加鲜美,且可解除食物的腥味;此外还可增加胃酸,增进食欲,帮助消化,并有一定的杀菌作用。醋的药用价值自古以来就受到重视,其性味酸、苦、温,有活血散瘀、开胃消食、消肿软坚、散瘀破结、解毒杀虫、治癣疗疮之功效。李友芳先生活到79岁,比当时国人的平均寿命多出10多岁,这或许得益于他常年闻醋、品醋的习惯。

虽然醋有很多有益的功效,但也不可过量食用。醋酸具有腐蚀性,过量食用对牙齿是有损害的。雅虎网曾刊文,列出对牙齿伤害最大的6种食物,分别为软饮料(可乐、果汁等)、运动饮料、酸味糖果、能量饮料、水果和醋。醋吃多了之所以会对牙齿造成损害,关键就在于其中所含的醋酸会溶解牙釉,进而导致蛀牙。李友芳和他的子女都学过化学,知道食醋过多对牙齿不利,但是为了把握产品品质,他仍每天大量尝醋,以至于不到50岁时,他的牙齿就已全部脱落了。

品质至上,教育为先

要确保产品质量,关键是要规范员工的操作。只有通过教育培训,才能提高员工的技术水平和工作责任心,确保产品品质。李友芳很早就提出过创办职业技术学校的设想。1980年12月,他患食道癌已到晚期,病重的他从上海华山医院回镇时,曾带了一万元人民币到镇江市工商联,对当时工商联的负责人陆汝纯(陆小波之侄)说:"我捐赠一万元,建议工商联为青年职工办一所职工技术学校,以提高他们的文化水平和技术能力。"

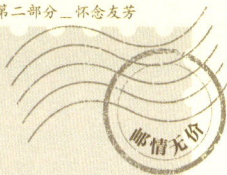

一个月后，李友芳仙逝，镇江市工商联暂用他的捐款在大西路上开办了建联布店，解决了部分困难户的就业问题。1992 年 6 月，镇江市工商联和民建会（以下简称两会）将收回的一万元本金拨给两会主办的中华职业学校，作为李友芳奖学基金，用于奖励优秀学生，并由工商联负责人陆汝纯以及胡鲁幡、闪伯和（中华职业学校校长）分任评委会正、副主任，蒋侣云、郭晓山、何畏、杨方中及学生代表任评委。学校顾问胡鲁幡对奖学金的使用制定了相应的规章制度。

三官塘恒顺故事多

风水宝地三官塘　办厂是一件大事，选择厂房和开业日期都有讲究。厂址要选择风水宝地，开业要选择黄道吉日。

李氏恒顺厂原在大西路，镇江解放后，恒顺企业发展迅速，大西路的老厂房土地有限，无发展前途。1952 年，在父亲李皋宇的支持下，李友芳积极寻找适合企业发展的生产用地。他利用休息时间多次到全市各地考察、测量，经多方考虑，最后选中了位于劳动路（今中山西路）三官塘北面的一片杂草丛生、雀跃虫爬之地。

李友芳的提议很快得到董事会的批准。原来三官塘是一块风水宝地：塘里的水是活水、龙窝水、圣洁之水，用现在的话说，就是无污染，且含有微量元素，适合制醋。三官塘在当地很有名气，传说历史上曾先后有三个地方官治理此塘。第一任官见此地缺水，就带领当地民众打井，竟发现了几个泉眼，遂筑池蓄水，供乡民饮用。第二任官见饮用水与生活、灌溉用水混用，既不卫生，塘水又容易受到污染，所以砌筑第二池，将吃、用水分开。第三任地方官上任后，见头池水溢到二池没有浪费，但二池满后溢出的水四处漫流，觉得可惜，于是又砌筑了第三池和水沟，同时与民众定下规约：人吃头池水，二池水淘米洗菜，三池水洗衣，沟渠水浇地、饮牛羊。此乡规民约成为习俗，一代代传承下来。人们感谢这三位地方官为民办实事，谋福祉，便将这三个方形水池起名为"三官塘"。

此后恒顺酱醋便在三官塘厂址生产、销售，前后长达半个多世纪。镇江被誉为中国醋城，有人到这里参观取经，听了关于三官塘的介绍后恍然大悟：怪不得同样的配方、同样的工艺，镇江醋的质量最好，别的地方就不行，关键在于三官塘的水通长江、连四海，是造醋的龙窝水，取之不尽，用之不竭。传说三国时期，曹操带了83万人马欲下江东，事先派人到江南寻找水源，发现三官塘里的水是活水，83万人马饮不尽。

打酱油醋成年俗 21世纪初，恒顺集团搬迁至丹徒新城广园路后，位于三官塘的厂房拆迁了，但厂销售门市部仍然保留。多年来，每逢农历年，镇江全市居民都会带着桶、瓶、罐等容器，到位于三官塘的恒顺厂部销售门市部排队打醋打酱油，这已成为这座城市的一道独特的风景线。直到2013年春节前夕，这道风景线依然再现，被人们视为镇江的新年俗。

公交站台难更名 恒顺三官塘旧厂虽然搬迁已久，但设在那里的公交车站仍叫恒顺酱醋厂站，对这一名实不符的站名曾有人提出异议，要求更名。此事引来市民的热议，很多人支持仍用恒顺酱醋厂站命名，人们认为恒顺是镇江的知名品牌，在国内乃至国际有较大的知名度，应将此站名作为历史遗迹保留下来，使其成为宣传恒顺的一个窗口。通过市民网上投票，兼顾大多数市民的意见和恒顺厂早已搬迁的事实，最后决定将此公交站台更名为"原恒顺酱醋厂站"。可见老恒顺厂在镇江人心中的位置。

李寅宇　李星宇　赵惠如　杨学钟

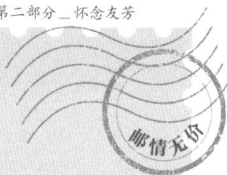

为国分忧

为国家舍小家典范

当国家处在和平环境下，李友芳一门心思发展自己的企业，立足国内，并把产品推向世界。当国家处于危难之时，李友芳毅然把自己的长子李光耀、次子李光辉送上战场，最后两人都为国捐躯，成为烈士。当国家处于"三年自然灾害"时期，李友芳动员子女到农村去，他让高中毕业的女儿报考了农学院，又将小女儿送到了农村。

长子李光耀为国捐躯 李友芳的长子李光耀读中学时，正值抗日战争全面爆发。日寇侵占镇江后，李友芳支持儿子带着德国照相机奔赴延安。李光耀后被派至上海、石家

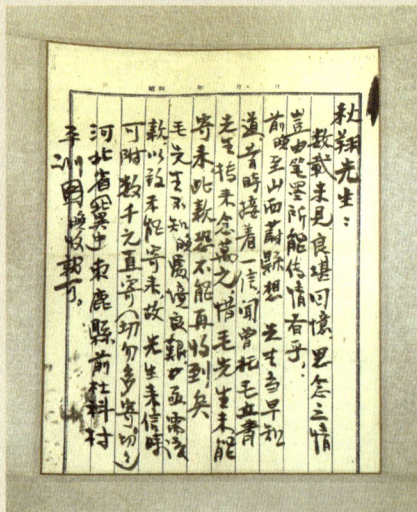

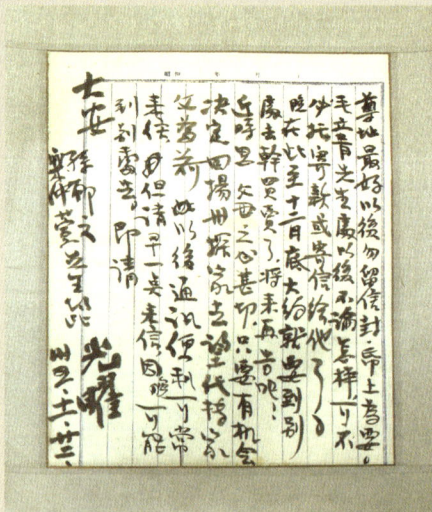

> 李光耀从事地下工作时向父亲求援革命经费的家书

庄等沦陷区从事地下工作，后又调到部队搞摄影，并上前线与日寇作战。李光耀在敌后做地下工作时，条件十分艰苦，资金缺乏时，便写信通过他人辗转交给父亲，要求李友芳提供资金支持。在镇江烈士陵园，陈列着李光耀辗转寄给父亲求援革命经费的家书。李友芳深知，抗日是头等大事，有国才有家，有钱出钱，有力出力，是所有中国人应尽的义务。儿子在前线与日寇斗争，是正义的事业，自己出钱是理所当然的事。他按照儿子信中所托及时提供了资金帮助。

解放战争中，李友芳失去了心爱的长子，李光耀把自己的生命献给了人民战争。1948年秋，解放太原的战役打响了，太原是"山西王"阎锡山的老巢，是他经营多年的独立王国，他在这里拥有巨大的个人资产。太原同时又是一座重工业城市，有几十家钢铁厂和兵工厂，能制造火炮和多种

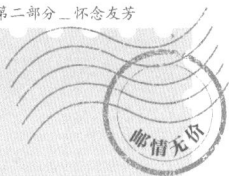

> 李光耀（左二）在八路军队伍里与战友合影

常规武器以及各种规格的弹药。阎锡山确信蒋介石能坚守长江以南，他要死守太原。为此，他拟在太原周围建一万个碉堡，已建好的数千座碉堡形式及功能各异。为防止太原成为孤岛，阎锡山抢修出 5 个临时机场。太原战役持续了 6 个多月，有近百万人卷入战争，是解放战争期间历时最长、参战人员最多、战斗最激烈、伤亡最惨重的一场城市攻坚战。指挥此役的是徐向前、彭德怀，分指挥有杨得志、罗瑞卿、杨成武、李天焕、胡耀邦等；国民党方面阎锡山亲自指挥作战，用投降的日本高级将领作为军事顾问，并备好了棺材和 500 多瓶毒药，准备孤注一掷。太原四大要塞的攻防战是国共两军战史上的一场惨烈战斗。东山上的每一个据点、每一座碉堡都曾经历过得而复失、失而复得的拉锯过程，每一个面积不大的阵地上，每天都要受到至少 800 门火炮的轮番轰炸。战事平息之后，东山上各主要

> 李光耀遗照

阵地的焦土厚达一米左右，战死的官兵尸体交错叠摞。在歼敌 13.5 万余人、解放军付出了 4.5 万余人的伤亡之后太原终获解放。临战前，李光耀写下誓言："一个人如果不同时使他周围的人解放，他也不能解放自己。万人的自由，就是我的自由……"在太原城外的激战中，李光耀负责战地摄影，他迎着敌人的炮火，拍摄激烈的战斗场地，不幸身负重伤，于 1949 年 5 月 10 日牺牲，年仅 25 周岁。

李光耀牺牲时，镇江解放才半个月，李友芳一家人正焦急地等待战争胜利后亲人团聚的日子。惊闻爱子牺牲的消息，李友芳一连几天吃不下饭，

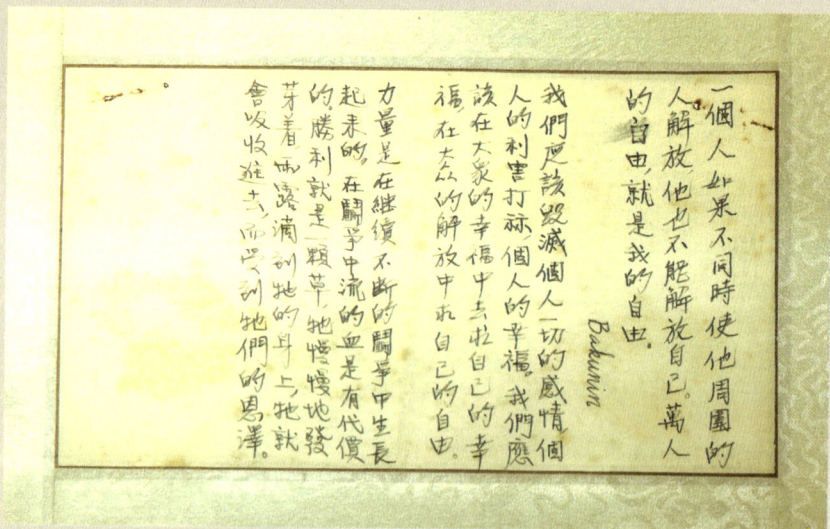

> 李光耀参加太原战役前的誓言

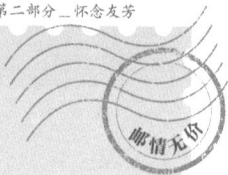

睡不着觉……但他很快就振作起来，努力从丧子之痛中走出。为了支持解放大军南下，他带头捐献了 420 担大米作为拥军粮。

> 李光辉遗照

幼子李光辉再成烈士 1950 年抗美援朝战役打响，李友芳鼓励正在上高中的小儿子李光辉投笔从戎，报名参军。当时他还鼓励恒顺厂的青年工人报名参加志愿军，并掏钱为报名的青年工人买钢笔和笔记本，鼓励他们记日记、写家信。抗美援朝战争期间，李友芳将家中的金条、首饰、铜壶、铜香炉、铜烛台等捐献给国家，用于购买飞机大炮。1951 年，李光辉赴朝参战。

抗美援朝战争胜利后，李光辉被送到东海舰队海测培训班学习海测技术，毕业时，曾受到海军司令员萧劲光和政委刘道生的接见。此后，李光辉和战友们在湛江港、塘沽港、大连港等地进行海测工作，白天在海上测绘，晚上则挑灯夜战，将草图绘成正式图。由于工作成绩显著，1958 年，李光辉在部队荣立三等功，立功喜报寄回家，李友芳夫妇非常欣慰。之后，李光辉被提升为区队长、技术助理员，并被授予中尉军衔。1960 年海测大队成立，李光辉被调到海测大队工作。

1960 年 12 月 26 日，身为区队长的李光辉和两名战友载着高级测绘仪器，正在舟山群岛执行海测任务，不幸小艇触礁。水性尚好的李光辉，让两位下属护住高级测绘仪器，自己则跳上暗礁，屏住呼吸，使出所有力气，终于将汽艇推出礁石，进入安全水域。北风呼啸，寒风刺骨，得救的两位战友将汽艇驶向更安全的水面，等待李光辉游到汽艇。10 分钟、20 分钟过

> 李光辉烈士的遗物

去了，苍茫的大海一望无际，不见李光辉的身影。战友们在寻找，闻讯赶来的部队在寻找。一天、两天，时间一分一秒地过去，打捞队一无所获，人们发现李光辉推动小艇的暗礁附近，有一道深不见底的海沟……一周后，李光辉的遗体终于被打捞上来，遗体的肚子并没有涨大，这说明李光辉不是溺水而亡，而是憋气过久、用力过大窒息而亡的，他是为了抢救测绘仪器和战友而牺牲的。这一年他年仅29周岁。海军司令员萧劲光大将得知消息后悲痛地说："李光辉是海军和平建设时期牺牲的第一人。"

镇江烈士陵园陈列着李友芳、李光辉父子的合影。李友芳的两个爱子

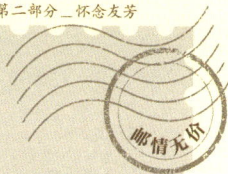

都还没有来得及结婚，就为革命先后献出了宝贵的生命。白发人送黑发人，这是何等滋味！李友芳是民族资本家，他所做的一切，以民族大义为重，以国家利益为重，他是为国分忧的典范。

李氏子孙皆不在恒顺工作　李友芳共有 8 个子女，除李光耀、李光辉烈士外，其余 6 个子女及其孙辈，没有一人在恒顺工作过，他们分散在全国各地。现在李友芳的儿女们都已退休了。退休前，他们在各自的工作岗位上都取得了一定的成绩，分别成为博士、研究所所长、教授、中学高级教师、科普作家，有的成为所在单位的业务骨干。子女们以父亲李友芳为荣，他们衷心祝愿恒顺的事业更加兴旺、恒顺的未来更加美好。

冒生死运送支前物资　抗日战争胜利后，李友芳主持恒顺厂经营。镇江江边的 9 号和 10 号码头，成了恒顺的专用码头，专门存放恒顺的醋缸和酱油缸。李友芳支援苏北解放区的物资，就是从这两个码头运出的。盘尼西林是当时最有效的消炎药品，因苏北解放区急需此类药品，国民党当局对此药品实行严格控制。苏北地下工作者联系到李友芳，希望他帮助解决。李友芳以诊治自己的肺结核病为由，分别到不同的医院、诊所和药店配备盘尼西林，聚少成多后通过恒顺专用码头集中运往苏北解放区。

1947 年，镇江的地痞流氓向当局告发李友芳的长子在解放区，引起了国民党地方当局对李友芳的猜忌和怀疑，他们威逼李友芳出面担任地方参议会的参议员，否则就要抓他，还要封厂门。李友芳知道国民党当局是用此手段检测其立场，如果拒绝就会被冠以"通共"、"支共"的罪名。在无可奈何的情况下，他只好当上参议员。不想歪打正着，凭着这个特殊身份，李友芳偷偷地准备了 600 多担大米，并将合法购来和私下买来的盘尼西林等解放区急需药品分批运送到了苏北解放区，支持革命军队。李友芳为革命事业不顾个人安危，实属难能可贵。

先国家后小家　在处理国家与小家的关系时，李友芳总是先国家后小家。镇江解放初期，李氏恒顺处在百废待兴的非常时期。1950年，为了帮助国家渡过暂时困难，他认购了3000份胜利折实公债。李友芳积极支持新中国抗美援朝，将家中的金条、老邮册、首饰、铜壶、铜香炉、铜烛台等悉数捐献给国家，用于购买飞机大炮。1954年初，国家开始对资本主义工商业实行社会主义改造，李友芳主动向政府申请将李氏恒顺公私合营。那时他的全家都住在厂里，他说服家人从恒顺厂里搬出，在外租房安家。公私合营改造中，他将李氏家族打拼几十年的房产、设备、股份等全部出让，使恒顺成为镇江市第一家实行公私合营的企业，为镇江市的对私改造、走公私合营道路率先垂范。

在处理公与私的关系时，李友芳总是先公后私，积极投入社会公益。1954年，镇江遭遇百年未遇的水灾，长江发大水漫过市区，大市口四周路面被水淹没，市区低洼处可以摸鱼划船。李友芳积极为灾民捐钱捐物，帮助其渡过难关。对国家慷慨无私的李友芳，自己的生活却克勤克俭，艰苦朴素，1981年逝世时，他家里没有一套产权属于自己的住房。他平日所穿的衣服，穿在里面的少不了有补丁。他的几个孩子则是老大穿新，老二穿旧，缝缝补补给老三。李友芳仙逝后，其遗孀蒋侣云继续保持节俭的家风，柜子里装的都是平日所穿的旧衣服，不时拿出来穿。

夫妻委员屡受嘉奖　新中国成立后，李友芳先生思想积极要求进步，曾到南京参加政治学习，当选为江苏省民建会员和省工商联执委、镇江市工商联副主委。其夫人蒋侣云女士也因做工商联家属工作出色，当选为市工商联执行委员。从1954年6月当选为镇江市第一届人大代表起，李友芳连续六届当选为镇江市人大代表；蒋侣云也从1958年11月参加市政协第二届委员会起，连续七届当选为镇江市政协委员，她先后10多次被评为江

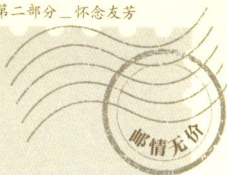

> 李友芳先生捐献文物的部分证书

苏省和镇江市先进个人，还被评为镇江、江苏乃至全国的烈属模范，1984年受到时任国家主席李先念等党和国家领导人接见。李友芳夫妇的事迹在当地被传为佳话。

无私捐献贵重珍藏 李友芳和夫人蒋侣云思想进步，公诸同好。在国家处于"三年自然灾害"之际，李友芳先后4次向国家捐献私人珍藏的贵重文物。1960年1月4日，向镇江市文管会捐赠瓷器、铜瓶、工艺品16件；1961年4月5日，向镇江市文管会捐献玉、铜、瓷器等文物10件；1961年7月14日，向镇江市文管会捐赠清光绪三十四年（1908年）画报27册

> 李友芳先生夫人蒋侣云女士（左五）捐献家藏获得表彰

（件）；1961年6月24日，向镇江市国画室捐赠晋、唐、五代、宋、元、明、清书画集，以及现代书画集、现代西画图案、雕刻集影印本各一册。1980年12月下旬，身患重病的李友芳从上海华山医院回镇江，找到市工商联、市民建负责人，捐款1万元，希望将此款用于在职年轻职工的岗前培训。1980年至1989年，蒋侣云女士先后13次向国家及少儿事业捐款人民币共计3.87万元。

李友芳是一位资深的集邮家，他的集邮历史可溯源到1919年。民国时期，他已是中华邮票会和新光邮票会的会员。《镇江市志》在众多集邮者中仅录其一人："集邮者中，恒顺酱醋厂李友芳在全国有较高的知名度。"李友芳集邮是出自个人兴趣，并不是为谋求经济增值。早在1948年他就对家人明确表达过要将原票赠与邮会或国立博物馆的意愿。1981年李友芳仙逝后，其夫人蒋侣云女士遵从遗嘱，先后两次将5149枚邮票捐赠给镇江博物馆。这些邮票分五大部分：清朝邮票、民国邮票、解放区邮票、外国邮票和新中国邮票。其中有很多价值连城的珍品，如清光绪四年（1878年）

> 李友芳先生夫人蒋侣云女士摄于 1985 年

我国最早发行的大龙邮票和小龙邮票，有我国第一套纪念邮票——纪念慈禧太后 60 寿辰的万寿邮票，宣统皇帝登基纪念邮票，光绪二十年（1894 年）镇江工部局印发的邮票等。李友芳先生的高风亮节和爱国之心，令人肃然起敬。

江苏恒顺集团　李友芳子女

友情永恒

亲情友情拯救恒顺

　　亲情、友情、爱情是旧时支撑私人企业的三大支柱。抗战胜利后，经李氏家族推选，李友芳接管了官司缠身、几欲封门的镇江恒顺，此时的企业困难重重。好在李友芳幽默风趣，充满智慧；父亲李皋宇全力支持，他深信李友芳能当个好舵手，将恒顺从困境中带出。这段时间，李友芳白天主持厂里的日常经营工作，晚上则要做有关亲属的思想工作。他以血浓于水、骨肉之情、同舟共济、共同致富、"家有一条心，黄土变成金"等道理说服亲属，鼓励亲属们树立对企业的信心。李氏亲属也深感"天下无不是的父母，世间最难得者兄弟"。亲情的付出也是一种责任，"兄弟一心，

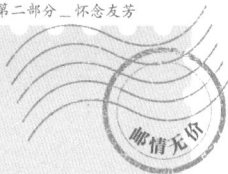

其利断金"，多数亲属不但打消了撤资的想法，而且还增加了对恒顺的投资。当然也有少数亲友一时拿不定主意，对此李友芳食不知味，夜不能眠。他会同增资的亲属，对一时拿不定主意的亲友，一家家登门拜访，说明事实情况，剖析利害关系，劝阻了股东撤资，终于避免了企业倒闭，使恒顺品牌得以延续，保住了100多名职工的饭碗，也保住了自己妻儿老小的生活来源。

镇江解放前夕，恒顺厂又一次濒临破产。那时，物价跑风，通货膨胀，限价失败，商家囤积居奇，恒顺厂在外的资金收不回，职工工资发不出，债主天天登门，流动资金几近枯竭。在此危难之际，李友芳再度显示出非凡的经营智慧，他顶住了亲友的责难，将每听半斤装的罐头酱菜降价到金圆券2角1分，把厂里3万斤罐头酱菜和库存酱菜全部低价卖给了广大市民。这一看似亏本的举动，不仅为企业换回了现金，缓解了燃眉之急，更重要的是取信于民，赢得了广大消费者的口碑。与此同时，他又忍痛将位于市区江边小营盘地区的几十间私有住宅抵押给银行，贷得2000多万金圆券，维持了恒顺的正常生产，发放了职工工资，还清了所欠债务。他以诚信赢得了人们的尊重和社会的赞誉，最终使恒顺从困境中走了出来。但是这批住房均未能赎回，李氏家族从此失去了属于自己的住房。李友芳深感亏欠亲属，亲属们知道他"舍李家，为恒顺，为众生"，也是一种功德，不但谅解他，而且继续支持他做恒顺的"领头羊"。

振兴镇江李氏恒顺，成了李氏亲属的共同语言，他们形成共识，支持李友芳力挽狂澜，度过风雨飘摇的动荡时期。恒顺企业成为凝聚李氏家族的黏合剂，李氏家族的亲情和友情最终拯救了恒顺。

南洋华侨缅怀友芳

李友芳志向远大，早在抗日战争之前，他就把恒顺香醋和酱菜销往香港等地。1932年，李友芳在香港、澳门设立了销售点，1933年，他又到越南、泰国、菲律宾、新加坡、缅甸、印度尼西亚等国家的主要城市设立了销售点。抗战期间，日本帝国主义占领镇江，实行经济侵略，致使恒顺等民族工业经营状况一落千丈。李友芳等立足上海租界，经营上海分店，同时冒着风险到海外市场联络销售渠道。抗战胜利后，李友芳全面主持李氏恒顺的经营。1948年，他派出人员到台湾开办恒顺分店，后来台湾分店把恒顺香醋和酱菜销至美国。1999年，赴美的镇江人士惊喜地买到了台湾生产的恒顺香醋和酱菜。李友芳地下有知，定当深感欣慰。

20世纪90年代，陆汝纯先生（时任镇江市工商界联合会主席）率领镇江市工商代表团访问香港期间，遇到一些台湾、香港以及东南亚地区的客商，他们关切地向陆汝纯了解镇江恒顺和李友芳的有关情况。得知李友芳先生已过世的消息以及恒顺良好的发展状况，客商们在赞美恒顺的同时，称赞李老板是一个非常讲诚信的令人尊敬的商人。他们请陆汝纯代为转达南洋华侨和香港客商对李友芳家人的亲切问候。

半个世纪过去了，赴美的镇江人，香港地区及东南亚的客商，还在追忆往事，缅怀李友芳先生。此情眷眷，令人动容。

职工遗属感恩李厂长

我是恒顺职工的遗属，恒顺及其老厂长李友芳对我们的恩情，我们铭记不忘。

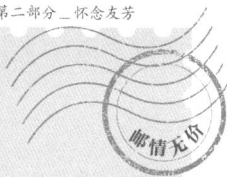

　　我父亲李培鑫是恒顺酱醋厂制醋车间的老工人，今年是他100周岁诞辰。20世纪50年代中期，镇江仅有几家工业企业，板车成了镇江一道独特的风景线。"炮轰南山"后，采石场将碎石加工，大板车、小板车装载着大小石料从磨笄山上下来，一辆接一辆，浩浩荡荡，穿行林隐路，纵贯解放路，运向江边的几个码头。市中心的大市口成了板车往返的必经之地，时人将此调侃为"南京的板鸭，镇江的板车"。我家的邻居中有许多是板车族的成员，他们整天奔波，黄汗淌，热汗流，非常羡慕我父亲工作有固定场所，夏天不用顶烈日，雨天不用穿蓑衣。父亲总是心怀感激地说："恒顺是我们家的衣食父母，恒顺搞得好，是李友芳这个老板领导得好。"李友芳和厂里的工人约定，不管哪一天，只要醋的质量好、产量高，就让厨房买肉犒劳职工。在恒顺，工人们都非常爱戴李老板，说他是活菩萨，都愿意跟他干。父亲常说："火车跑得快，全靠车头带。车头和车身不协调，火车就要抛锚。恒顺若是抛锚、倒台，说不准我也会在街上拉板车。"

　　父亲热爱恒顺，更爱戴他们的老厂长李友芳。1959年，李友芳代表恒顺厂出席了广州交易会，使镇江香醋在新中国成立后第一次打入国际市场。我父亲高兴地说："我们造的醋又一次出国了。"有一天，他拿了个1斤装的空醋瓶回家对我说："这是销往国外的，你好好看看。"我看到瓶子上贴着一幅图，最中心是个"醋"字，两旁是一副工整的对联，分别写着："镇江金山是中国的名胜，恒顺酱醋是镇江的特产。"图的左上方有一个金山的图案，两边分别写着"金"和"山"字，这就是恒顺的商标。醋瓶的下方显示：公私合营镇江恒顺酱醋厂。读高中的我，对父亲是"恒顺人"引以为豪，对衣食父母恒顺充满感激。1959年至1961年，我国遭受严重自然灾害，农业欠收，人们吃不饱肚子，只能"低标准，瓜菜代"。我在镇江中学就读，寄宿在校，粮食定量供应。我父亲在恒顺为我"开后门"

买来咸萝卜干之类的酱菜，周末休假返校时让我带回学校与同学共享。同学们戏称其为"咸人参"，大家边喝白开水边嚼咸萝卜干，还集体创作对联："身无半文，心怀天下；共品人参，知足常乐。"当时身为恒顺人的后代，我感到无限的光荣。

1981年7月，时年69岁的父亲病故，与父亲同龄的母亲蒋凤英顿感失去依靠。她没有工作，当然也没有劳保。我们姐弟三人对她说："父亲走了，我们就是您的劳保。我们有饭吃，决不会让您喝粥。"但是母亲心里仍然不踏实。1985年，国家制定了政策，国企职工亡故后，其遗属如果没有工作，每月可在其生前所在单位领取生活补助金。年过古稀的老母亲开心得逢人便说："我有劳保了，每月可以在恒顺拿。"在以后的岁月里，每月的25日，母亲都能准时拿到恒顺给她的遗属生活补助金。有时，我们发工资后，因故未能准时将生活费和医药费交到她手上，她就半开玩笑地说："你们不如恒顺，你们要向恒顺学习。"母亲对恒顺充满感激之情。1年、2年、10年、20年，母亲每月都能领取到恒顺发给的遗属生活补助金，直到她97岁病故。2010年11月，母亲病故下葬后，我们姐弟三人到恒顺企业的劳资部门，告知注销我母亲的生活补助金。我笑着说："我父亲李培鑫是恒顺的老职工，只享受了8年劳保。我母亲蒋凤英是家属，却拿了20多年。恒顺对我们的恩情，我们铭记不忘。"

感谢恒顺，李友芳先生永远活在我们一家人的心中！

恒顺众生情意永恒

"恒顺"这一企业名称，源于佛教经典《华严经》，《普贤行愿品》中记载了普贤菩萨的十大愿，其中第九愿即"恒顺众生愿"，意即"希冀

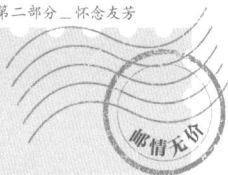

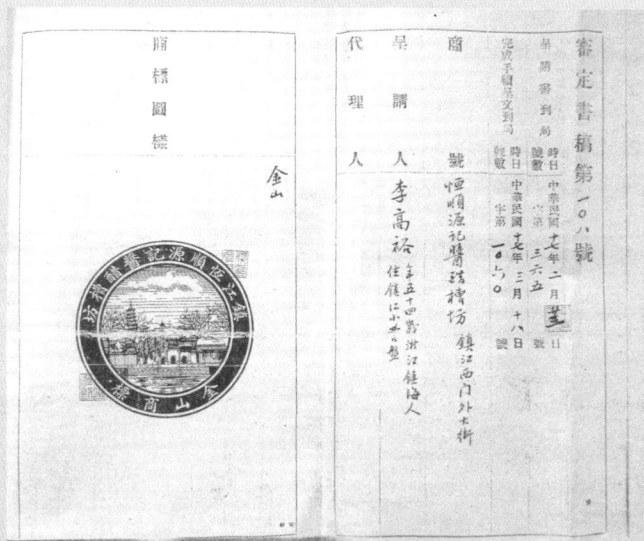

> 金山商标注册证

永远随顺众生之善性需要"。国家 AAAAA 级景区、千年古刹焦山定慧寺山门外，也有大字勒石，上书"恒顺众生"四字。1840 年，生产调味品的小作坊以"恒顺"为名，创建朱氏恒顺，无非是想告诉街坊邻里，朱氏是全心全意为众生服务的。1925 年，李皋宇、李友芳承接了恒顺企业，生产香醋、酱菜等，同样，李氏恒顺也是全心全意为众生服务。1955 年，公私合营后，国营恒顺仍然使用"恒顺"这个有 100 多年历史的老字号招牌，主营香醋、酱菜等调味品。今天，中国醋王——江苏恒顺仍然是全心全意为众生服务。

恒顺众生，从而赢得了众生信赖和社会赞誉，成为享誉世界的知名品牌。今天，毗邻恒顺工业园的镇江中国醋文化博物馆内，展示着恒顺企业的艰辛创业史，以及恒顺发展各时期的掌门人——朱兆怀、李皋宇、李友芳、

> 镇江中国醋文化博物馆内

马永林、叶有伟等执掌企业的历程。其中有李友芳生前使用过的办公桌、上海大世界基尼斯认定的中国第一大醋坛。反映中国醋文化发展历史的30集电视连续剧《西津渡》曾在此取景。

　　170年来，恒顺人坚守着"恒顺众生"的理念。恒顺人恒久地坚持诚信为本，坚持选用优质原料，坚持传承传统工艺，坚持薄利多销，坚持绿色环保，坚持以香醋为主业。有恒，方能长久；随顺，终得和谐。

　　天佑恒顺，友芳千古！

江苏恒顺集团　镇江中国醋文化博物馆　李德柱

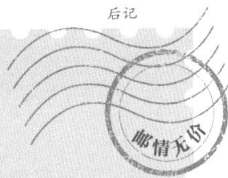

后记

在李友芳先生诞辰 110 周年之际，镇江市政协文史委和中国醋王——江苏恒顺集团联合编撰《邮情无价——恒顺百年忆友芳》一书，通过展现他在集邮方面的独特造诣，缅怀李友芳先生心系企业兴衰、艰辛创业的感人往事，以及他深明大义、"舍小家为大家"的无私风范。

李友芳先生继承父亲的基业，抗战胜利后即担任恒顺厂厂长，公私合营后一直在恒顺厂担任副厂长，对恒顺企业的发展壮大起到了承前启后、继往开来的作用。李友芳先生一生酷爱集邮，早在 20 世纪 40 年代，他就是全国知名的集邮家。他一生收集清朝、民国、解放区、新中国及世界 140 多个国家和地区的珍贵邮票共几万枚。这些邮票大部分在战争年代和"文革"中丢失或损毁。1981 年，李友芳先生辞世后,其妻蒋侣云女士遵其遗嘱将尚存的 5149 枚珍贵邮票悉数捐献给镇江博物馆。

《邮情无价——恒顺百年忆友芳》一书的编辑出版工作得到了镇江市政协领导的高度重视和江苏恒顺集团等有关方面的大力支持。镇江市政协主席李国忠、副主席赵庆荣就如何做好这项工作分别提出要求,恒顺集团董事长尹名年为本书作序,镇江市作家协会主席蔡永祥也赋诗助阵。《邮情无价——恒顺百年忆友芳》一书共分两大部分:"眷眷邮情"部分收录了李友芳夫人捐赠的清朝邮票、民国邮票、解放区邮票、新中国邮票、外国邮票中的代表,其中有一些十分珍贵甚至价值连城的邮票。这些邮票的整理分类、鉴别翻译、文字注释分别由集邮专家羊小平、德语专家周岩、作家李德柱完成;"怀念友芳"部分辑录了恒顺集团、李友芳先生子女及其他作者的纪念性文稿。在此,谨向所有关心和支持本书出版工作的部门和个人表达诚挚的谢意。

由于本书编撰工作时间紧、内容多,加之受水平所限,难免有疏漏和不当之处,敬请读者谅解并予指正。

编 者

2014 年元月